日本語
ICEBREAK

일본어 아이스브레이크

활용

日本語 ICEBREAK

일본어 아이스브레이크

활용

Watermelon

Dr. James J. Asher
휴스턴 대학과 뉴멕시코 대학에서 텔레비전 저널리즘과 심리학으로 박사 학위를 받고 워싱턴
대학과 스탠포드 대학에서 언어학과 교육심리학을 연구했다. 특히 오른쪽 뇌를 이용한 기억 방식
이론을 창안하여 새로운 외국어 교습법을 제시했다. 그의 교육 이론은 현재 전 세계 국가에 널리
활용되어 언어 교육의 가장 효과적인 교습법으로 검증되고 있다.

Japanese contents house
일본어 전문 교육 콘텐츠 집단으로 누구나 쉽고 재미있게 일본어를 공부할 수 있는 방법을 연구하
며 지금까지 다양한 분야에서 관련 일본어 콘텐츠를 기획하고 개발했다.

日本語 ICEBREAK 활용

1판 1쇄 인쇄 2012년 9월 30일
1판 1쇄 발행 2012년 10월 10일

펴낸이	정중모
펴낸곳	Watermelon
기획 편집	Japanese contents house
제작	윤준수
영업	남기성
관리	김명희 박정성 김은성
등록	2003년 9월 3일(제300-2003-162호)
주소	서울시 마포구 잔다리로 2길 7-0
전화	02-3144-1304
팩스	02-3144-0775
홈페이지	www.yolimwon.com
이메일	toctalk@yolimwon.com
카페	http://cafe.naver.com/engicebreak

* 책값은 뒤표지에 있습니다.
ISBN 978-89-7063-752-5 14730
    978-89-7063-750-1 (세트)

아직도 일본어가 어렵다고 생각하는 분들에게 고함!

오랜 일본어 걱정을 한 방에 끝!

이 책은 막연히 일본어를 어렵다고 느끼는 외국인들에게 즉각적이고도 유쾌한 효과를 거둔 일본어 교재입니다. 히라가나는 읽을 줄 아는데, 일본어를 할 줄은 모른다? 걱정하지 마세요. 일단 이 책을 가만히 따라하다 보면, 어느새 일본어에 친숙해져 있는 자신의 모습을 발견할 테니까요!

100% 보고 듣는 일본어책

이 책은 전체가 그림으로 표현된 일본어책입니다. 그림이 주는 효과는 크게 두 가지로, 하나는 보는 즉시 내용을 알게 해 주는 것이고 또 하나는 우뇌를 자극해 기억하기 쉽게 도와주는 것이지요. 이 책을 100% 그림으로 보고, 소리로 듣는 동안 머릿속에 일본어가 자연스럽게 차곡차곡 입력된답니다.

망각 곡선에 근거한 자연스런 반복

이 책의 모든 그림과 스크립트는 불규칙적으로 여러 번 만들립니다. 보통 7번 정도의 우연한 만남이 있어야 대상을 확실히 기억할 수 있다고 하시요. 따라서 이 책은 자연스럽고 불규칙적인 반복 구성으로 여러분이 반사적으로 일본어에 반응할 수 있도록 확실하게 일본어의 기본기를 심어 드립니다.

이 책의 스마트한 사용법 알림!

절대 공부하지 마세요!

공부하는 책이 아닙니다. 그냥 눈으로 훑어보아도 충분합니다. 무료로 제공되는 MP3 파일을 음악처럼 들으면서 이 책을 보면 효과가 더욱 커집니다. 일본어를 단순히 암기하는 것이 아니라 그림과 소리로 자연스럽게 뜻을 파악하면서 몸으로 습득하게 됩니다. 만약 정 뜻이 궁금하다면 밑에 작게 적어 넣은 해석을 살짝 보셔도 돼요!

반복하지 마세요!

앞 내용이 생각나지 않는다고 책장을 앞으로 넘겨 다시 볼 필요 없습니다. 잊을 만하면 자연스럽게 반복되니 책장이 넘어가는 대로 술술 넘어가면서 눈과 귀로 익히세요.

억지로 한국어 뜻을 알려고 하지 마세요!

그림은 내용을 바로 알게 해 주는 장점과 함께 상상력을 자극해 다른 표현과 상황까지 자연스럽게 연결시켜 줍니다. 일본어의 기본 글자만 알면, 이 책에 나와 있는 다양한 그림 내용과 일본어를 통해 일본어로 생각하고 이해하는 언어생활이 자연스레 시작됩니다.

차례

일본어 기본 글자표(오십음도)

히라가나 (ひらがな)

단＼행	あ행	か행	さ행	た행	な행	は행	ま행	や행	ら행	わ행	
あ단	あ a	か ka	さ sa	た ta	な na	は ha	ま ma	や ya	ら ra	わ wa	ん n
い단	い i	き ki	し si	ち chi	に ni	ひ hi	み mi		り ri		
う단	う u	く ku	す su	つ tsu	ぬ nu	ふ hu	む mu	ゆ yu	る ru		
え단	え e	け ke	せ se	て te	ね ne	へ he	め me		れ re		
お단	お o	こ ko	そ so	と to	の no	ほ ho	も mo	よ yo	ろ ro	を wo	

가타카나 (カタカナ)

단＼행	ア행	カ행	サ행	タ행	ナ행	ハ행	マ행	ヤ행	ラ행	ワ행	
ア단	ア a	カ ka	サ sa	タ ta	ナ na	ハ ha	マ ma	ヤ ya	ラ ra	ワ wa	ン n
イ단	イ i	キ ki	シ si	チ chi	ニ ni	ヒ hi	ミ mi		リ ri		
ウ단	ウ u	ク ku	ス su	ツ tsu	ヌ nu	フ hu	ム mu	ユ yu	ル ru		
エ단	エ e	ケ ke	セ se	テ te	ネ ne	ヘ he	メ me		レ re		
オ단	オ o	コ ko	ソ so	ト to	ノ no	ホ ho	モ mo	ヨ yo	ロ ro	ヲ wo	

일본어, 어떻게 읽을까요?

일본어는 히라가나와 가타카나, 한자를 섞어서 씁니다. 오늘날 가장 일반적으로 히라가나와 한자가 두루 쓰이며, 외래어나 의성어, 의태어 그리고 동식물 이름 등에 가타카나가 사용됩니다.

히라가나와 가타카나를 일정한 순서에 따라 5글자씩 10줄로 배열한 기본 글자표가 바로 오십음도(五十音図)입니다. 현재는 오십음도를 다 쓰지 않고 46자를 사용하지요.

첫째, 청음 읽기

청음은 탁음과 반탁음, 요음과 촉음, 장음을 제외한 모든 음을 일컫습니다.
일본어 기본 글자표에 있는 46사 가운데 'ん'을 뺀 나머지 45자가 청음입니다.

1 모음

일본어의 모음은 'あ、い、う、え、お' 5가지가 있습니다. 발음은 우리말 '아, 이, 우, 에, 오'와 비슷한데, 'う'를 발음할 때는 특히 조심해야 하지요. 혀의 위치는 우리말 '우'와 같되 입술 모양은 '으' 발음할 때처럼 둥글지 않게 살짝 옆으로 당겨진 모양을 해야 정확한 발음을 할 수 있거든요.

あ	い	う	え	お
a	i	u	e	o

2 자음

か행

か행의 자음 [k]의 발음은 단어 첫머리에 올 때와 중간이나 끝에 올 때가 다릅니다. 단어 첫머리에서는 우리말 거센소리 'ㅋ'을 약하게 발음할 때와 비슷하고요. 단어의 중간이나 끝에 오는 경우에는 된소리 'ㄲ'에 가깝게 발음해야 합니다.

か	き	く	け	こ
ka	ki	ku	ke	ko

さ행

さ행의 자음 [s]는 우리말의 'ㅅ'과 비슷합니다. 다만, 'す'를 발음할 때는 조심해야 하는데 우리말의 '스'보다 입술이 옆으로 당겨지는 정도가 약하도록 발음해야 하지요.

さ	し	す	せ	そ
sa	si	su	se	so

た행

た행의 'た、て、と'의 자음 [t]는 단어, 첫머리
에 올 때와 중간이나 끝에 올 때 발음이 달라집니
다. 단어 첫머리에서는 우리말의 'ㅌ'보다 약하게
발음하고요. 단어 중간이나 끝에서는 우리말의
된소리 'ㄸ'에 가깝게 발음하지요. 한편 'ち、つ'
의 자음은 우리말의 'ㅊ'과 'ㅉ'의 중간음으로 발
음하는데 숨이 너무 세게 나오지 않도록 주의해
야 합니다. 특히 'つ'는 '쓰'나 '츠', '추'로 발음하
지 않도록 주의해야 하지요.

た	ち	つ	て	と
ta	chi	tsu	te	to

な행

な행은 우리말 'ㄴ'과 같습니다. 다만 'に' 발음의
경우 혀가 입천장에 닿는 위치가 조금 안쪽(경구
개쪽)으로 이동하는 경향이 있지요.

な	に	ぬ	ね	の
na	ni	nu	ne	no

は행

は행 가운데 'は、へ、ほ'는 우리말 '하, 헤, 호'
와 발음이 비슷합니다. 그러나 'ひ、ふ'의 발음
은 주의가 필요해요. 'ひ'는 우리말의 '히' 발음할
때보다 혀와 입천장의 접촉 위치를 안쪽으로 옮
겨서 발음해야 합니다. 'ふ'는 양 입술 사이에서
마찰이 일어나므로 뜨거운 물을 식힐 때 '후후'
부는 소리를 짧게 발음하는 식으로 하면 돼요.

は	ひ	ふ	へ	ほ
ha	hi	hu	he	ho

ま행

ま행은 우리말의 'ㅁ'과 비슷하며 짧고 가볍게 발
음합니다.

ま	み	む	め	も
ma	mi	mu	me	mo

や행

や행은 반모음으로 우리말 '야, 유, 요'와 비슷하
게 발음합니다.

や		ゆ		よ
ya		yu		yo

ら^행

ら행은 우리말의 말 첫머리에 오는 자음 'ㄹ'과 비슷하게 발음합니다.

ら	り	る	れ	ろ
ra	ri	ru	re	ro

わ^행

'わ'는 우리말 '와'와 같으며 반모음입니다. 'を'는 'お'와 발음은 같으나 '∼을(를)'의 목적격 조사로만 쓰인답니다.

わ				を
wa				wo

둘째, 탁음과 반탁음 읽기

1 탁음

탁음이란 청음의 「か、さ、た、は」행의 오른쪽 위에 ゛(탁점)을 붙여 표시하며, 발음할 때 성대를 울려서 소리 내야 합니다.

が행

が	ぎ	ぐ	げ	ご
ga	gi	gu	ge	go

ざ행

ざ	じ	ず	ぜ	ぞ
za	ji	zu	ze	zo

だ행

だ	ぢ	づ	で	ど
da	ji	zu	de	do

ば행

ば	び	ぶ	べ	ぼ
ba	bi	bu	be	bo

2 반탁음

は행의 오른쪽 글자 위에 ゜(반탁음)을 붙여서 표시하며, 영어의 [p]음과 비슷하게 발음합니다.

ぱ행

ぱ	ぴ	ぷ	ぺ	ぽ
pa	pi	pu	pe	po

셋째, 특수음 읽기

1 요음

요음은 각 행의 い단에 반모음인 'や、ゆ、よ'를 작게 붙여서 표시합니다. 발음할 때는 앞과 뒤의 음이 두 음절로 나뉘지 않게 조심해야 합니다.

か행	きゃ kya	きゅ kyu	きょ kyo	が행	ぎゃ gya	ぎゅ gyu	ぎょ gyo
さ행	しゃ sya	しゅ syu	しょ syo	ざ행	じゃ za	じゅ zu	じょ zo
た행	ちゃ cha	ちゅ chu	ちょ cho	だ행	ぢゃ dya	ぢゅ dyu	ぢょ dyo
な행	にゃ nya	にゅ nyu	にょ nyo				
は행	ひゃ hya	ひゅ hyu	ひょ hyo	ば행	びゃ bya	びゅ byu	びょ byo
ぱ행	ぴゃ pya	ぴゅ pyu	ぴょ pyo				
ら행	りゃ rya	りゅ ryu	りょ ryo	ま행	みゃ mya	みゅ myu	みょ myo

2 발음

발음 'ん'은 비음(콧소리)으로, 단독으로 쓰일 수 없고 단어 첫머리에도 올 수 없습니다. 하지만 발음할 때는 독립된 한 박의 길이로 발음해야 하지요. 'ん'은 뒤에 오는 글자에 따라 발음이 달라집니다. 단, 한국어의 받침 'ㄴ'으로 발음하지 않도록 주의해야 한답니다.

① [m]으로 발음하는 경우: 'ば、ぱ、ま'행 음이 뒤에 오는 경우

　예 さんぽ 산책　こんぶ 다시마　さんま 꽁치

② [n]으로 발음하는 경우: 'さ、ざ、た、だ、な、ら'행 음이, 뒤에 오는 경우
　㉠ おんせい 음성　はんたい 반대　こんど 이번

③ [ŋ]으로 발음하는 경우: 'か、が'행 음이 뒤에 오는 경우
　㉠ けんか 싸움　まんが 만화　にほんご 일본어

④[N]으로 발음하는 경우: 'ん'이 단어의 끝에 오거나 모음, 'は、や、わ'행 음이 뒤에 오는 경우
　㉠ ほん 책　れんあい 연애　でんわ 전화

3 촉음

촉음은 작은 'っ'를 두 글자 사이에 표기한 음을 말합니다. 단독으로 쓰일 수 없으며 'ん'과 마찬가지로 뒤에 오는 자음에 따라 발음이 달라지지요. 촉음 또한 발음할 때에는 한 박의 길이로 발음해야 합니다.

① か행 앞에서는 [k]로 발음
　㉠ いっかい 1회　さっか 작가　がっこう 학교

② さ행 앞에서는 [s]로 발음
　㉠ いっさい 한 살　ざっし 잡지

③ た행 앞에서는 [t]로 발음
　㉠ みっつ 셋　あさって 모레

④ ぱ행 앞에서는 [p]로 발음
　㉠ いっぱい 한 잔　きっぷ 차표　いっぽ 한 걸음

4 장음

장음은 길게 발음되는 모음을 말합니다. 일본어는 모음의 장단에 따라 의미가 달라지므로 정확하게 구분해서 발음해야 하지요. 히라가나는 장음 표기를 모음의 문자를 써서 나타내지만, 가타카나의 장음 표기는 'ー'를 써서 나타냅니다.

① あ단 + あ : あ- 길게 끌어 발음한다	⑤ お단 + お / う : お- 길게 끌어 발음한다
② い단 + い : い- 길게 끌어 발음한다	⑥ や + あ : や- 길게 끌어 발음한다
③ う단 + 모음 う : う- 길게 끌어 발음한다	⑦ ゆ + う : ゆ- 길게 끌어 발음한다
④ え단 + え / い : え- 길게 끌어 발음한다	⑧ よ + お : よ- 길게 끌어 발음한다

세상에서 제일 쉬운

일본어책 ♪

CHAPTER 1

Lesson 1

step 01

START

おとこがいすをもちあげている。

おとこがとんでいる。

ひとがいすにさわる。

おんながこくばんにじぶんの
なまえをかいている。

おとこがテーブルのうえにはこを
おいている。

男が椅子を持ち上げている。남자가 의자를 들어 올리고 있다.　男が跳んでいる。남자가 뛰어오르고 있다.
人が椅子に触る。사람이 의자를 만지다.　女が黒板に自分の名前を書いている。여자가 칠판에 자기 이름을 쓰고 있다.　男がテーブルの上に箱を置いている。남자가 테이블 위에 상자를 놓고 있다.

06

ぼうしがある。

07

ペンのさきがとがっている。

08

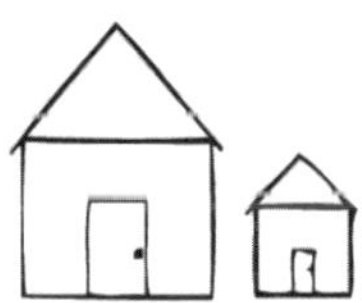

いえがふたつある。

09

ふたつのテーブルのあいだに
スペースがある。

10

せいほうけいにはよっつのへんが
ある。

帽子がある。모자가 있다. ペンの先が尖っている。펜 끝이 뾰족하다. 家が二つある。집이 두 채 있다. 二つのテーブルの間にスペースがある。두 개의 테이블 사이에 공간이 있다. 正方形には四つの辺がある。정사각형에는 네 개의 변이 있다.

step 02
START

おとこがなにかのにおいを
かいでいる。

おとこがなにかをはこのなかに
おとす。

おとこがたちあがっている。

ひとがテーブルからなにかを
とっている。

おとこがひざまずいている。

06

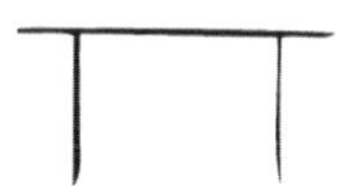

テーブルがある。

07

リンゴはおいしい。

08

おとこがあたまのうえでなにかを
ささえている。

09

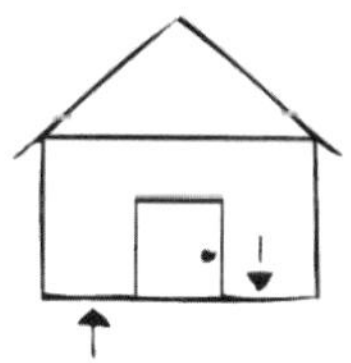

ひとびとがいえをでたり
はいったりする。

10

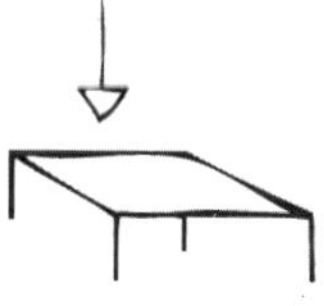

テーブルのうしろにはなにもない。

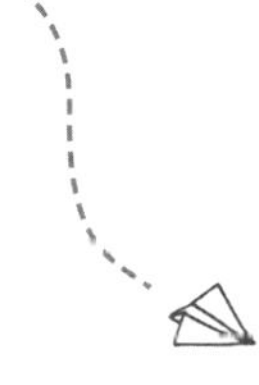

テーブルがある。테이블이 있다.　リンゴはおいしい。사과는 맛있다.　男が頭の上で何かを支え
ている。남자가 머리 위로 뭔가를 받치고 있다.　人々が家を出たり入ったりする。사람들이 집에 들락
날락한다.　テーブルの後ろには何もない。테이블 뒤에는 아무것도 없다.

step 03
START

01

ひとがでんきゅうをつける。

02

ひとがテーブルのしたにかくれて
いる。

03

おとこがでんきゅうをゆびさして
いる。

04

おとこがはくしゅしている。

05

せんせいがこくばんにいえを
かいている。

人が電球をつける。 사람이 전구를 켠다.　人がテーブルの下に隠れている。 사람이 테이블 아래 숨
어 있다.　男が電球を指差している。 남자가 전구를 가리키고 있다.　男が拍手している。 남자가 박수
치고 있다.　先生が黒板に家を描いている。 선생님이 칠판에 집을 그리고 있다.

06

アイスクリームコーンがある。

07

はたがはためく。

08

かのじょのかみはカールして
ある。

09

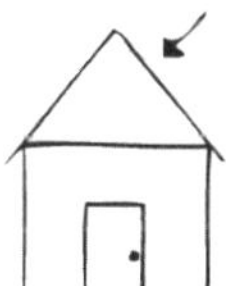

このいえのやねはとがっている。

10

ボタンのついたシャツがある。

アイスクリームコーンがある。 아이스크림콘이 있다. 旗がはためく。 깃발이 펄럭인다. 彼女の髪
はカールしてある。 그녀의 머리에는 컬(curls)이 있다. この家の屋根は尖っている。 이 집의 지붕은
뾰족하다. ボタンのついたシャツがある。 단추가 달린 셔츠가 있다.

step 04
START

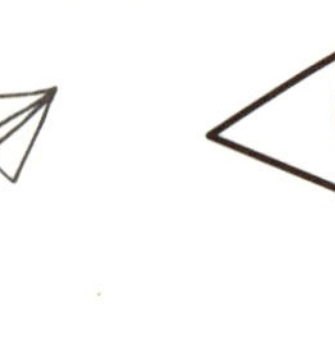

おとこがあたまにゆびをおく。

ひとがテーブルのうえからおりて
いる。

おとこがはこをつつんでいる。

おとこがゆびでかずをかぞえて
いる。

ひとがいすにすわる。

06

へびがしたをだしている。

07

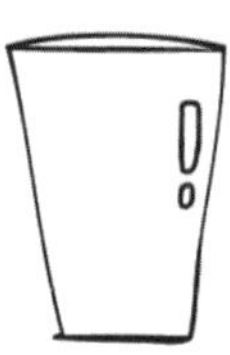

からのグラスがある。

08

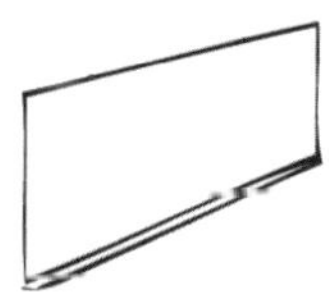

こくばんになにかを
かいたりえがいたりするには
チョークがひつようだ。

09

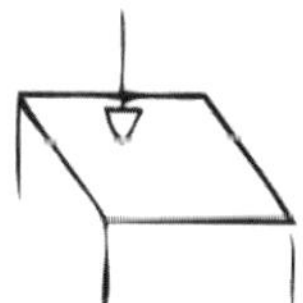

テーブルのうえにさらをおく。

10

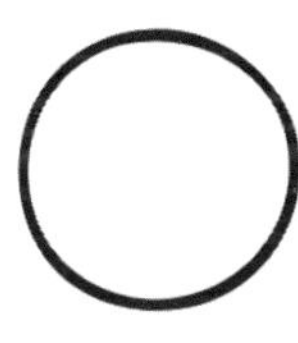

えんがある。

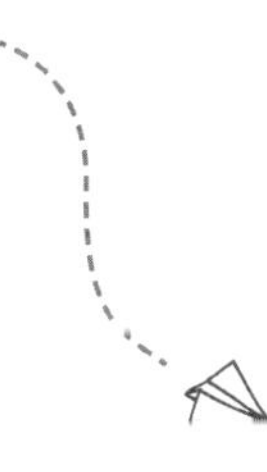

蛇が舌を出している。 뱀이 혀를 내밀고 있다.　空のグラスがある。 빈 유리잔이 있다.　黒板に何かを
書いたり描いたりするにはチョークが必要だ。 칠판에 뭔가를 쓰거나 그리려면 분필이 필요하다.
テーブルの上に皿を置く。 데이블 위에 접시를 놓다.　円がある。 원이 있다.

step 05
START

かれはいすのまわりをいったり
きたりしている。

かれはゴミをゴミばこに
すてている。

かれはともだちにてを
ふっている。

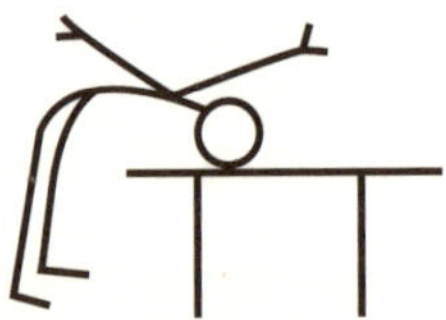

かれはテーブルをあたまでうつ。

おんながまわっている。

彼は椅子の周りを行ったり来たりしている。 그는 의자 주위를 왔다 갔다 하고 있다. 彼はゴミをゴミ箱に捨てている。 그는 쓰레기를 휴지통에 버리고 있다. 彼は友だちに手を振っている。 그는 친구에게 손을 흔들고 있다. 彼はテーブルを頭で打つ。 그는 테이블을 머리로 친다. 女が回っている。 여자가 돌고 있다.

オレンジはいろいろなくだものの
なかのひとつだ。

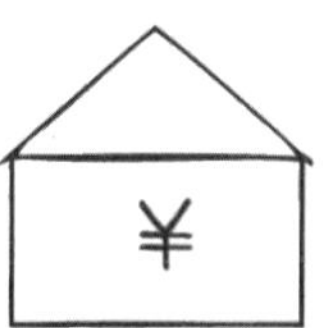

ひとがおかねをあずけるばしょは
ぎんこうだ。

それぞれのてにはごほんの
ゆびがある。

このバスケットはからだ。

うちゅうにはかぞえきれない
ほどのほしがある。

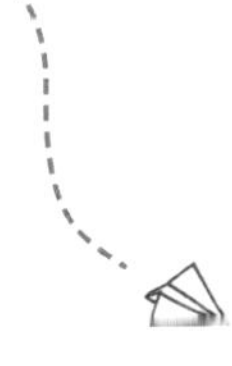

オレンジはいろいろな果物（くだもの）の中（なか）の一（ひと）つだ。 오렌지는 여러 과일 중 하나이다. 人（ひと）がお金（かね）を預（あず）ける場所（ばしょ）は銀行（ぎんこう）だ。 사람이 돈을 맡기는 장소는 은행이다. それぞれの手（て）には５本（ごほん）の指（ゆび）がある。 각각의 손에는 다섯 개의 손가락이 있다. このバスケットは空（から）だ。 이 바구니는 비어 있다. 宇宙（うちゅう）には数（かぞ）えきれないほどの星（ほし）がある。 우주에는 셀 수 없을 만큼의 별이 있다.

step 06
START

01

せんせいがじぶんのなまえを
こくばんにかいた。

02

かれはふとっている。

03

おとこがまっすぐあるく。

04

おとこがはこのなかからなにかを
とりだす。

05

おとこがドアをあけている。

くつがいっそくある。

おとこのこがくちをあけている。

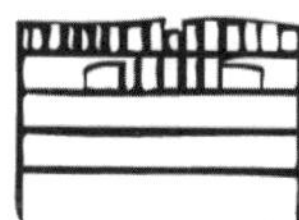

ほんだなにたくさんのほんが
ある。

イチゴはいろいろなくだものの
なかのひとつだ。

10

SUN	MON	TUE	WED	THU	FRI	SAT

にっていひょうのかようびに
しるしがつけられている。

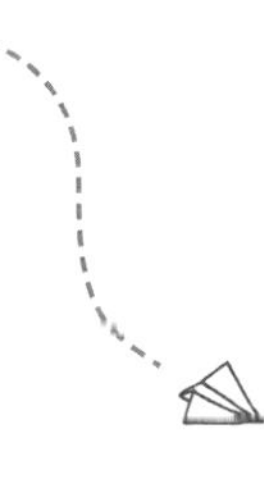

靴が一足ある。 구두가 한 켤레 있다.　男の子が口を開けている。 남자아이가 입을 벌리고 있다.　本棚に
たくさんの本がある。 책장에 많은 책이 있다.　イチゴはいろいろな果物の中の一つだ。 딸기는 여
러 과일 중 하나이다.　日程表の火曜日に印がつけられている。 일정표의 화요일에 표시가 되어 있다.

step 07
START

おとこがじめんをゆびさしている。

おとこがあたまのうえでなにかを
ささえている。

おとこがうでをあげている。

ひとがテーブルからなにかを
とっている。

おとこがともだちにてを
ふっている。

男が地面を指差している。 남자가 땅을 가리키고 있다. 男が頭の上で何かを支えている。 남자가 머리 위로 뭔가를 받치고 있다. 男が腕を上げている。 남자가 팔을 올리고 있다. 人がテーブルから何かを取っている。 사람이 테이블에서 뭔가를 집고 있다. 男が友だちに手を振っている。 남자가 친구에게 손을 흔들고 있다.

すべてのたてものにはまどが
なければならない。

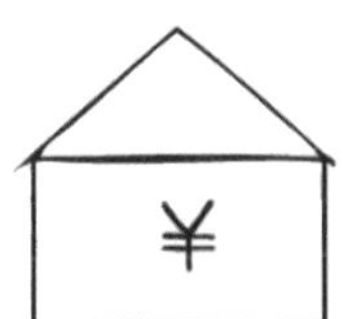

ひとがおかねをあずけるばしょは
ぎんこうだ。

ゴミばこはからだ。

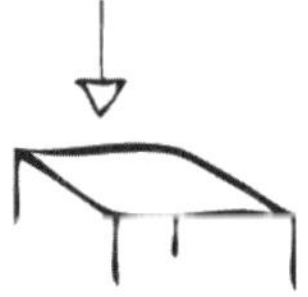

テーブルのうしろには
なにもない。

それぞれのてにはごほんの
ゆびがある。

全ての建物には窓がなければならない。모든 건물에는 창문이 없으면 안 된다. 人がお金を預ける場所は
銀行だ。사람이 돈을 맡기는 장소는 은행이다. ゴミ箱は空だ。휴지통은 비어 있다. テーブルの後ろには何もな
い。테이블의 뒤에는 아무것도 없다. それぞれの手には5本の指がある。각각의 손에는 다섯 개의 손가락이 있다.

step 08
START

01

おとこがたちあがっている。

02

ひとがいすにすわる。

03

かれはいすのまわりをいったり
きたりしている。

04

ひとがでんきゅうをつける。

05

おとこがいきをふかくすって
いる。

男が立ち上がっている。 남자가 일어서고 있다.　人が椅子に座る。 사람이 의자에 앉는다.　彼は椅子の周りを行ったり来たりしている。 그는 의자 주위를 왔다 갔다 하고 있다.　人が電球をつける。 사람이 전구를 켠다.　男が息を深く吸っている。 남자가 숨을 깊게 들이쉬고 있다.

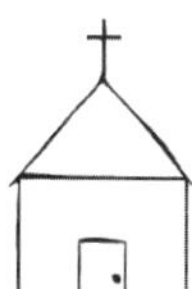

クリスチャンはにちようびごとに
きょうかいにいく。

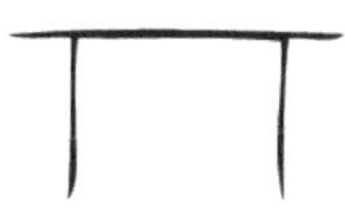

このテーブルはあしが
ふたつしかない。

でんきゅうがついている。

このおんなのこはこのおとこの
むすめだ。

さかなはみずのなかでいきる。

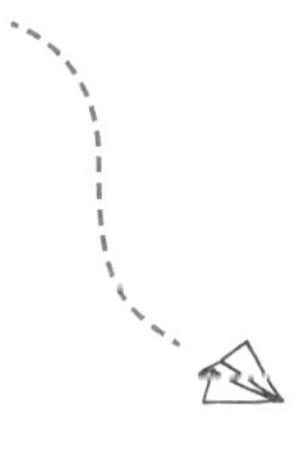

クリスチャンは日曜日ごとに教会に行く。 크리스천은 일요일마다 교회에 간다. このテーブルは脚が二つしかない。 이 테이블은 다리가 두 개 밖에 없다. 電球がついている。 전구가 켜져 있다. この女の子はこの男の娘だ。 이 여자아이는 이 남자의 딸이다. 魚は水の中で生きる。 물고기는 물속에 산다.

step 09
START

01

かれはふとっている。

02

おとこがドアをしめている。

03

おとこがでんきゅうをつけようと
している。

04

ひとがいえのなかにあるいて
はいっている。

05

おとこがあたまでテーブルを
うつ。

彼は太っている。 그는 뚱뚱하다. 男がドアを閉めている。 남자가 문을 닫고 있다. 男が電球をつけようとしている。 남자가 전구를 켜려 하고 있다. 人が家の中に歩いて入っている。 사람이 집 안으로 걸어 들어가고 있다. 男が頭でテーブルを打つ。 남자가 머리로 테이블을 친다.

ドアがしまっている。

リンゴはおいしい。

このおとこはおおきいみみを
もっている。

やきゅうのボールはちいさくて
かたい。

7

すうじのななはこううんのすうじと
しんじられている。

ドアが閉っている。문이 닫혀 있다. リンゴはおいしい。사과는 맛있다. この男は大きい耳を
持っている。이 남자는 큰 귀를 갖고 있다. 野球のボールは小さくて固い。야구공은 작고 단단하다.
数字の7は幸運の数字と信じられている。수자 7은 행운의 수자라고 여겨지고 있다.

step 10
START

おんながこくばんになまえを
かいている。

おとこがとんでいる。

おとこがはこのなかになにかを
おとす。

ひとがいすにすわる。

おとこがゴミばこのなかにあしを
いれる。

女が黒板に名前を書いている。여자가 칠판에 이름을 쓰고 있다. 男が跳んでいる。남자가 뛰어오르고 있다. 男が箱の中に何かを落とす。남자가 상자 안에 뭔가를 떨어뜨린다. 人が椅子に座る。사람이 의자에 앉는다. 男がゴミ箱の中に足を入れる。남자가 휴지통 안에 발을 넣는다.

"

ほんがひらいている。

キュウリはやさいのなかの
ひとつだ。

トウガラシは
いろいろなたべものの
スパイスにつかわれる。

いすとつくえがひとつになって
いる。

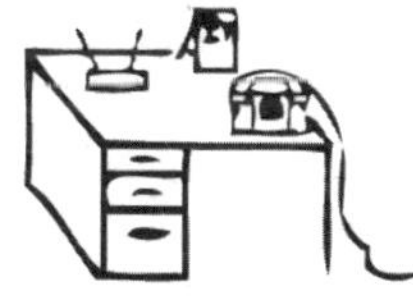

つくえのうえにでんわとラジオと
しゃしんがある。

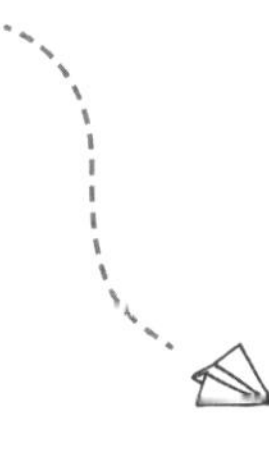

本が開いている。 책이 펼쳐져 있다. キュウリは野菜の中の一つだ。 오이는 야채 중 하나이다. トウガラシはい
ろいろな食べ物のスパイスに使われる。 고추는 여러 음식의 향신료로 사용된다. 椅子と机が一つになってい
る。 의자와 책상이 하나로 되어 있다. 机の上に電話とラジオと写真がある。 책상 위에 전화기와 라디오와 사진이 있다.

Lesson 2

step 11

START

おとこがあたまにゆびをおく。

おとこがいすをもちあげている。

おとこがはこからなにかを
とりだす。

せんせいはこくばんにいえを
かいている。

おとこがおんなとダンスをして
いる。

男が頭に指を置く。남자가 머리에 손가락을 얹는다. 男が椅子を持ち上げている。남자가 의자를 들어
올리고 있다. 男が箱から何かを取り出す。남자가 상자에서 뭔가를 꺼낸다. 先生は黒板に家を描いて
いる。선생님은 칠판에 집을 그리고 있다. 男が女とダンスをしている。남자가 여자와 춤을 추고 있다.

パイナップルはねったいの
くだものだ。

ひとはがっこうにいかなければ
ならない。

このバスケットはからだ。

このおとこのこはくちをあけて
いる。

10

10

わたしたちはじゅっしんほうを
つかう。

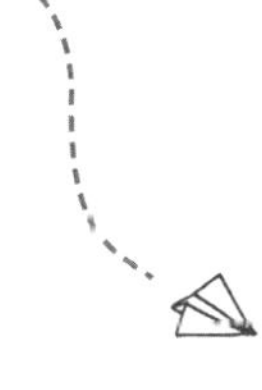

パイナップルは熱帯の果物だ。 파인애플은 열대 과일이다.　人は学校に行かなければならない。

사람은 학교에 가지 않으면 안 된다.　このバスケットは空だ。 이 바구니는 비어 있다.　この男の子は口

を開けくいる。 이 남자아이는 입을 벌리고 있다　私たちは十進法を使う。 우리는 십진법을 사용한다.

START

おとこがたちあがっている。

おとこがかみをきっている。

おとこがだれかをとめている。

おとこがひざまずいている。

おとこがいきをふかくすっている。

おとこ た あ
男が立ち上がっている。 남자가 일어서고 있다.　おとこ かみ き
男が紙を切っている。 남자가 종이를 자르고 있다.

おとこ だれ と
男が誰かを止めている。 남자가 누군가를 멈춰 세우고 있다.　おとこ ひざまず
男が跪いている。 남자가 무릎 꿇고 있다.

おとこ いき ふか す
男が息を深く吸っている。 남자가 숨을 깊이 들이쉬고 있다.

06

ねこはにんきのあるペットだ。

07

レストランはたべものをうる。

08

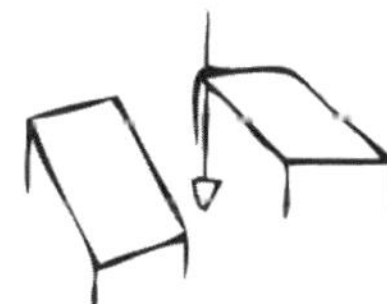

ふたつのテーブルのあいだに
スペースがある。

09

おとこがあたまのうえでなにかを
ささえている。

10

ひとはマグカップであつい
のみものをのむ。

猫は人気のあるペットだ。고양이는 인기 있는 애완동물이다.　レストランは食べ物を売る。레스
토랑은 음식을 판다.　二つのテーブルの間にスペースがある。두 개의 테이블 사이에 공간이 있다.　男
が頭の上で何かを支えている。남자가 머리 위로 뭔가를 받치고 있다.　人はマグカップで熱い飲
み物を飲む。사람은 머그컵으로 뜨거운 음료를 마신다

step 13
START

おとこがみみをかいている。

おとこがでんきゅうをゆびさして
いる。

かれはじめんをゆびさしている。

かれはふとっている。

おとこがうでをおろす。

男が耳をかいている。남자가 귀를 긁고 있다. 男が電球を指差している。남자가 전구를 가리키고 있다. 彼は地面を指差している。그는 땅을 가리키고 있다. 彼は太っている。그는 뚱뚱하다. 男が腕を下ろす。남자가 팔을 내린다.

 06

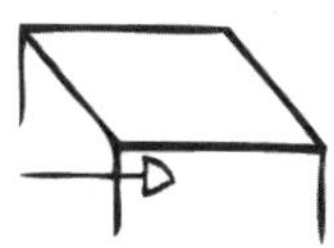

テーブルのしたにはなにもない。

 07

せいようじんははながおおきい。

 08

くつがいっそくある。

 09

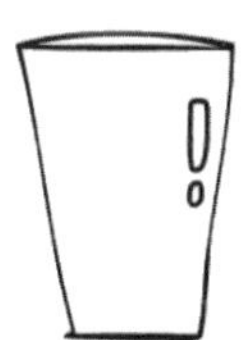

グラスはからだ。

10

おやゆびとこゆびはごほんのゆびの
なかでもっともちいさい。

テーブルの下には何もない。테이블 아래에는 아무것도 없다. 西洋人は鼻が大きい。서양인은 코가 크다. 靴が一足ある。구두가 한 켤레 있다. グラスは空だ。유리잔은 비어 있다. 親指と小指は5本の指の中で最も小さい。엄지손가락과 새끼손가락은 5개의 손가락 중에서 가장 작다.

step 14
START

かれはともだちにてを
ふっている。

おとこがドアをあけている。

おとこがはこからなにかを
とりだしている。

おとこがテーブルをおしている。

おとこがテーブルをもちあげて
いる。

06

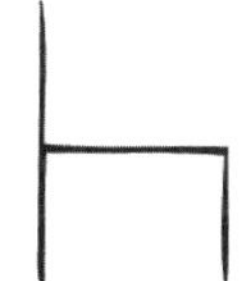

いすがある。

07

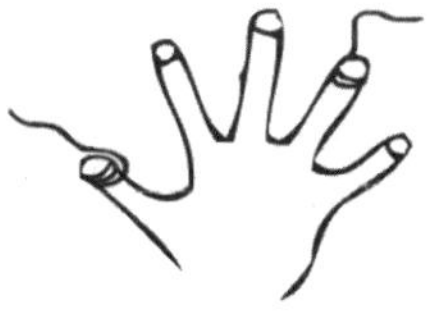

おやゆびとくすりゆびにいとが
むすばれている。

08

レストランではたべものをうる。

09

すべてのたてものはまどが
なければならない。

10

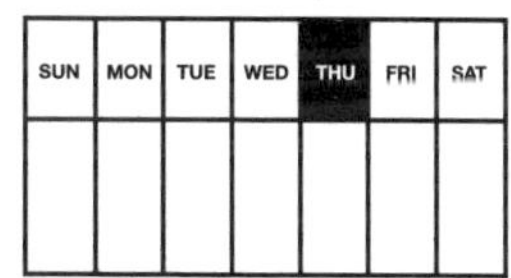

SUN	MON	TUE	WED	THU	FRI	SAT

にっていひょうのもくようびに
しるしがつけられている。

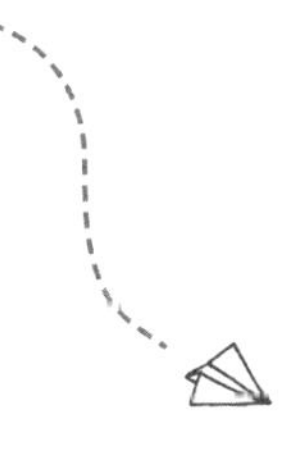

椅子がある。의자가 있다. 親指と薬指に糸が結ばれている。엄지와 약지에 실이 매여 있다. レストラ
ンでは食べ物を売る。레스토랑에서는 음식을 판다. 全ての建物は窓がなければならない。모든 건물에
는 창문이 없으면 안 된다. 日程表の木曜日に印がつけられている。일정표의 목요일에 표시가 되어 있다.

step 15
START

01

おとこがテーブルをもちあげて
いる。

02

おとこがなにかをとめている。

03

おとこががっこうに
いっている。

04

ひとがいすにさわる。

05

ひとがでんきゅうをつける。

男がテーブルを持ち上げている。 남자가 테이블을 들어 올리고 있다.　男が何かを止めている。
남자가 뭔가를 멈춰 세우고 있다.　男が学校に行っている。 남자가 학교에 가고 있다.　人が椅子に触
る。 사람이 의자를 만진다.　人が電球をつける。 사람이 전구를 켠다.

06

はこがひらいている。

07

ゴミばこはからだ。

08

ひとはがっこうにいかなければ
ならない。

09

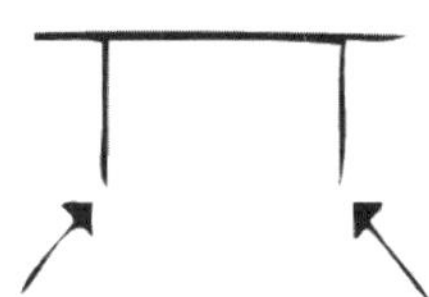

このテーブルはあしが
ふたつしかない。

10

SUN	MON	TUE	WED	THU	FRI	SAT

すべてのひとはどようびを
たのしみにまつ。

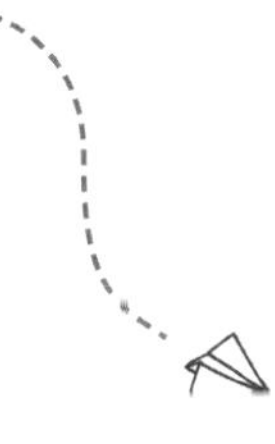

はこ ひら
箱が開いている。 상자가 열려 있다.　ゴミ箱は空だ。 쓰레기통은 비어 있다.　人は学校に行かなけ

れ ば な ら な い。 사람은 학교에 가지 않으면 안 된다.　このテーブルは脚が二つしかない。 이 테이블

은 다리가 두 개밖에 없나.　全くの人は土曜日を楽しみに待つ。 모든 사람은 토요일을 고대하다

step 16
START

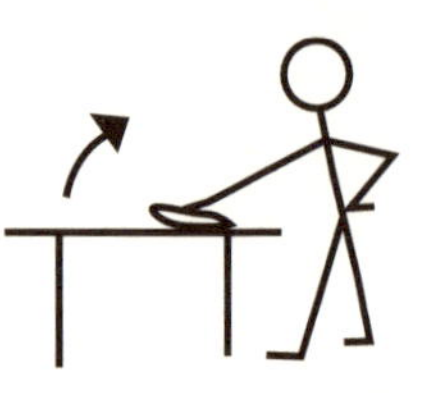

ひとがテーブルからなにかを
とっている。

かれはふとっている。

かれはあたまのうえでなにかを
ささえている。

かれはとんでいる。

おとこはつまさきをさわって
いる。

人がテーブルから何かを取っている。 사람이 테이블에서 뭔가를 집고 있다.　彼は太っている。 그는 뚱뚱하다.　彼は頭の上で何かを支えている。 그의 머리 위로 뭔가를 받치고 있다.　彼は跳んでいる。 그는 뛰어오르고 있다.　男はつま先を触っている。 남자는 발끝을 만지고 있다.

 06

アイスクリームコーンがある。

 07

えんぴつのさきはとがっている。

08

イチゴはいろいろなくだものの
なかのひとつだ。

09

このおんなはおとこのこの
ははおやだ。

10

このいえのやねはとがっている。

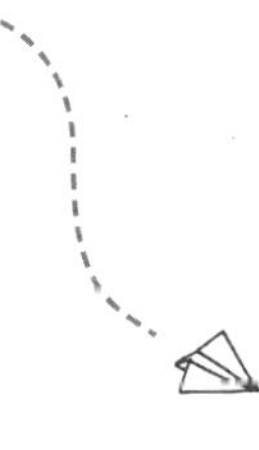

アイスクリームコーンがある。 아이스크림콘이 있다.　えんぴつの先は尖っている。 연필 끝은 뾰
족하다.　イチゴはいろいろな果物の中の一つだ。 딸기는 여러 과일 중의 하나이다.　この女は男の
子の母親だ。 이 여자는 남자아이의 엄마이다.　この家の屋根は尖っている。 이 집의 지붕은 뾰족하다.

step 17
START

せんせいはこくばんにいえを
かいている。

ひとがいすにさわる。

おんながまわっている。

おとこがまっすぐあるいて
いる。

ふたりのおとこがあくしゅをして
いる。

先生は黒板に家を描いている。선생님은 칠판에 집을 그리고 있다.　人が椅子に触る。사람이 의자를 만진다.　女が回っている。여자가 돌고 있다.　男がまっすぐ歩いている。남자가 똑바로 걷고 있다.
2人の男が握手をしている。두 명의 남자가 악수를 하고 있다.

ぼうしはたいようのひかりを
ふせぐのにやくだつ。

ペンのさきはとがっている。

ようナシはくだものの
いっしゅだ。

へびがしたをだしている。

4

かんこくですうじのしはうんが
わるいとしんじられている。

帽子は太陽の光を防ぐのに役立つ。 모자는 태양빛을 막는 데 도움이 된다. ペンの先は尖っている。 펜 끝은 뾰족하다. 洋ナシは果物の一種だ。 서양배는 과일의 일종이다. 蛇が舌を出している。 뱀이 혀를 내밀고 있다. 韓国で数字の4は運が悪いと信じられている。 한국에서 숫자 4는 운이 나쁘다고 여겨진다.

step 18
START

おとこがドアをあけている。

おとこがひざまずいている。

おとこがかみをきっている。

おとこがちいさいいすを
もちあげている。

おとこがおんなとダンスを
している。

男がドアを開けている。 남자가 문을 열고 있다. 男が跪いている。 남자가 무릎 꿇고 있다. 男が紙を切っている。 남자가 종이를 자르고 있다. 男が小さい椅子を持ち上げている。 남자가 작은 의자를 들어 올리고 있다. 男が女とダンスをしている。 남자가 여자와 춤을 추고 있다.

06

じょしトイレは
じょせいせんようだ。

07

ねこはにんきのあるペットだ。

08

おとこがあたまのうえでなにかを
ささえている。

09

ひだりのテーブルはみぎの
テーブルよりちいさい。

10

うちゅうにはかぞえきれない
ほどのはしがある。

女子トイレは女性専用だ。 여자 화장실은 여성 전용이다. 猫は人気のあるペットだ。 고양이는 인기
있는 애완동물이다. 男が頭の上で何かを支えている。 남자가 머리 위로 뭔가를 받치고 있다. 左のテ
ーブルは右のテーブルより小さい。 왼쪽 테이블은 오른쪽 테이블보다 작다. 宇宙には数えきれな
いほどの星がある。 우주에는 셀 수 없을 만큼의 별이 있다.

step 19

START

おとこがじめんにすわろうとして
いる。

おとこががっこうにいって
いる。

ひとがテーブルのしたにかくれて
いる。

おとこがみみをかいている。

おとこがぼうしをとっている。

男が地面に座ろうとしている。 남자가 땅에 앉으려 하고 있다. 男が学校に行っている。 남자가 학교에 가고 있다. 人がテーブルの下に隠れている。 사람이 테이블 밑에 숨어 있다. 男が耳をかいている。 남자가 귀를 긁고 있다. 男が帽子を取っている。 남자가 모자를 벗고 있다.

06

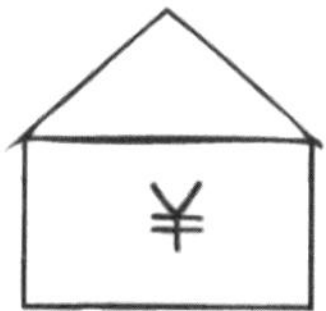

ひとがおかねをあずけるばしょは
ぎんこうだ。

07

バスケットはからだ。

08

このおとこはおおきいみみを
もっている。

09

ねこはにんきのあるペットだ。

10

はしはペアでなければならない。

人がお金を預ける場所は銀行だ。 사람이 돈을 맡기는 장소는 은행이다. バスケットは空だ。 바구니는 비어 있다. この男は大きい耳を持っている。 이 남자는 큰 귀를 갖고 있다. 猫は人気のあるペットだ。 고양이는 인기 있는 애완동물이다. 箸はペアでなければならない。 젓가락은 짝이 아니면 안 된다.

step 20
START

(01)

おとこはあるいていえに
はいっている。

(02) かれはとんでいる。

(03) おとこがたちあがっている。

(04) かれはいすのまわりをいったり
きたりしている。

(05) おとこがはくしゅしている。

男は歩いて家に入っている。남자가 걸어서 집에 들어가고 있다. 彼は跳んでいる。그는 뛰어오르고 있다. 男が立ち上がっている。남자가 일어서고 있다. 彼は椅子の周りを行ったり来たりしている。그는 의자 주위를 왔다 갔다 하고 있다. 男が拍手している。남자가 박수치고 있다.

06

クリスチャンはにちようびごとに
きょうかいにいく。

07

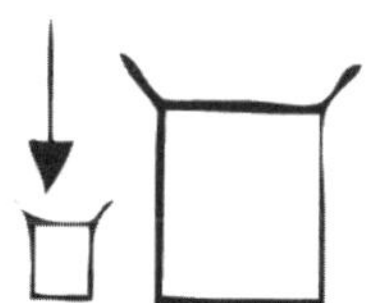

ひだりのはこはみぎのはこより
ちいさい。

08

パイナップルはねったいの
くだものだ。

09

サイコロはめんがむっつある。

10

SUN	MON	TUE	WED	THU	FRI	SAT

すべてのひとはにちようびに
やすむ。

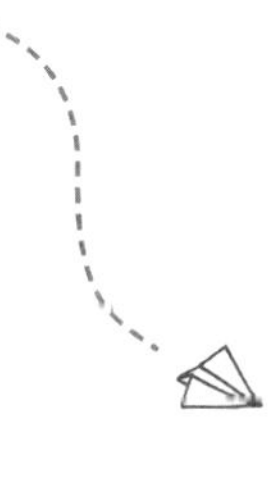

クリスチャンは日曜日ごとに教会に行く。크리스천은 일요일마다 교회에 간다. 左の箱は右の箱より小さい。왼쪽 상자는 오른쪽 상자보다 작다. パイナップルは熱帯の果物だ。파인애플은 열대 과일이다. サイコロは面が六つある。수사위는 면이 여섯 개이다. 全ての人は日曜日に休む。모든 사람은 일요일에 쉰다.

Lesson 3

step 21
START

おとこがうでをおろす。

おんなはこくばんにじを
かいている。

おとこがあたまのうえでなにかを
ささえている。

せんせいがこくばんにいえを
かいている。

ひとがテーブルからおりて
いる。

男が腕を下ろす。 남자가 팔을 내린다.　女は黒板に字を書いている。 여자는 칠판에 글자를 쓰고 있다.　男
が頭の上で何かを支えている。 남자가 머리 위로 뭔가를 받치고 있다.　先生が黒板に家を描いている。
선생님이 칠판에 집을 그리고 있다.　人がテーブルから降りている。 사람이 테이블에서 내려오고 있다.

(06) 

イチゴはいろいろなくだものの
なかのひとつだ。

(07) 

こくばんになにかをかいたり
えがいたりするには
チョークがひつようだ。

(08) 

だんしトイレは
だんせいせんようだ。

(09) 

トウガラシは
いろいろなたべものの
スパイスにつかわれる。

(10) 

めはかおでもっとも
びんかんなぶぶんだ。

イチゴはいろいろな果物の中の一つだ。딸기는 여러 과일 중 하나다. 黒板に何かを書いたり描いたりするにはチョークが必要だ。칠판에 뭔가를 쓰거나 그리려면 분필이 필요하다. 男子トイレは男性専用だ。남자 화장실은 남성 전용이다. トウガラシはいろいろな食べ物のスパイスに使われる。고추는 여러 음식의 향신료로 사용된다. 目は顔で最も敏感な部分だ。눈은 얼굴에서 가장 민감한 부분이다.

START

おとこがドアをしめている。

おとこがじめんをゆびさして
いる。

おとこがさかさにたっている。

おとこがいきをふかくすって
いる。

おとこがテーブルのうえにはこを
おいている。

男がドアを閉めている。 남자가 문을 닫고 있다. 男が地面を指差している。 남자가 땅을 가리키고 있다.

男が逆さに立っている。 남자가 거꾸로 서 있다. 男が息を深く吸っている。 남자가 숨을 깊게 들이쉬고

있다. 男がテーブルの上に箱を置いている。 남자가 테이블 위에 상자를 놓고 있다.

ようナシはくだものの
いっしゅだ。

しんぶんをテーブルのみぎがわに
おく。

おとこのこがくちをあけている。

このいえのやねはとがっている。

おとこがあしをゆびさしている。

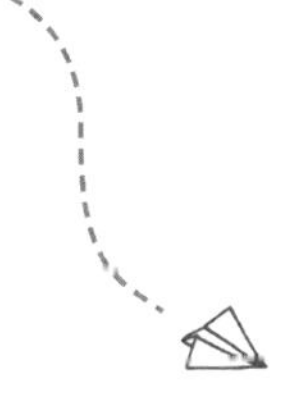

洋ナシは果物の一種だ。서양배는 과일의 일종이다. 新聞をテーブルの右側に置く。신문을 테이블의 오른쪽에 둔다. 男の子が口を開けている。남자아이가 입을 벌리고 있다. この家の屋根は尖っている。이 집의 지붕은 뾰쪽하다. 男が足を指差している。남자가 발을 가리키고 있다.

step 23
START

おんながこくばんにじを
かいている。

ひとがいすにすわる。

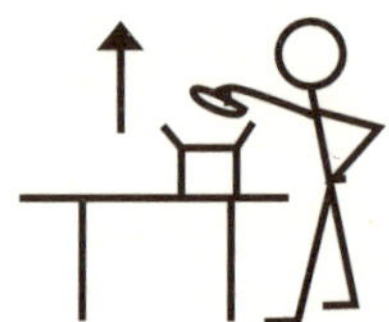

おとこがはこからなにかを
とりだしている。

おとこがドアをあけている。

おとこがさかさにたっている。

女が黒板に字を書いている。 여자가 칠판에 글자를 쓰고 있다. 人が椅子に座る。 사람이 의자에 앉는다. 男が箱から何かを取り出している。 남자가 상자에서 뭔가를 꺼내고 있다. 男がドアを開けている。 남자가 문을 열고 있다. 男が逆さに立っている。 남자가 거꾸로 서 있다.

06

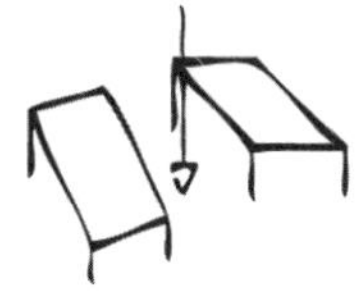

ふたつのテーブルのあいだに
スペースがある。

07

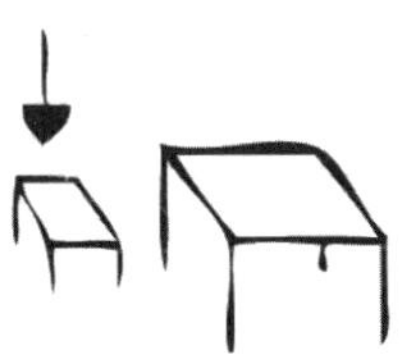

ひだりのテーブルはみぎのテーブル
よりちいさい。

08

アイスクリームコーンがある。

09

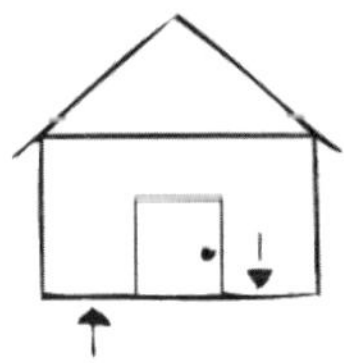

ひとびとがいえをでたり
はいったりしている。

10

このおんなのこはこのおとこの
むすめだ。

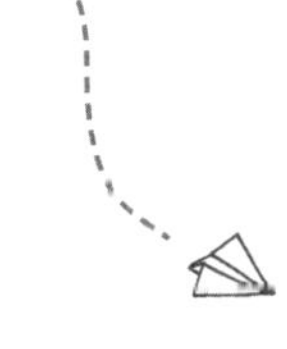

二つのテーブルの間にスペースがある。두 개의 테이블 사이에 공간이 있다.　左のテーブルは右のテーブルより
小さい。왼쪽 테이블은 오른쪽 테이블보다 작다.　アイスクリームコーンがある。아이스크림콘이 있다.　人々が家を出た
り入ったりしている。사람들이 집에 들락날락하고 있다.　この女の子はこの男の娘だ。이 여자아이는 이 남자의 딸이다.

START

おとこがなにかをとめている。

おとこがたちあがっている。

おとこがぼうしをとっている。

せんせいがこくばんにいえを
かいている。

おとこがあたまのうえに
おんなをもちあげている。

男が何かを止めている。 남자가 뭔가를 멈춰 세우고 있다. 男が立ち上がっている。 남자가 일어서고 있
다. 男が帽子を取っている。 남자가 모자를 벗고 있다. 先生が黒板に家を描いている。 선생님이 칠판
에 집을 그리고 있다. 男が頭の上に女を持ち上げている。 남자가 머리 위로 여자를 들어 올리고 있다.

06

でんきゅうがついている。

07

このテーブルはあしが
ふたつしかない。

08

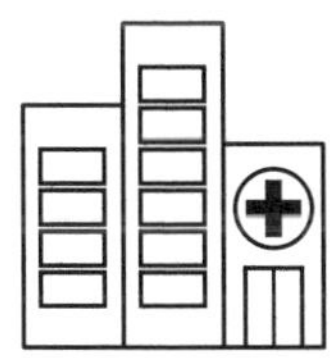

びょういんはかんじゃ をちりょう
するところだ。

09

クモはあしがやっつある。

10

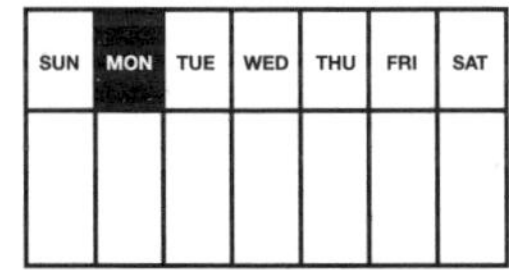

がっこうはげつようびから
はじまる。

でんきゅう
電球がついている。 전구가 켜져 있다.　このテーブルは脚が二つしかない。이 테이블은 다리가 두
びょういん　かんじゃ　ちりょう　　　　　　　　　　　　　　　　　　　　　　　あし　やっ
개밖에 없다.　病院は患者を治療するところだ。병원은 환자를 치료하는 곳이다.　クモは足が八つあ
がっこう　げつようび　　　はじ
る。거미는 다리가 여덟 개이다.　学校は月曜日から始まる。학교는 월요일부터 시작한다.

START

おとこがべつのおとこを
たたいている。

かれはゴミをゴミばこに
すてている。

おとこがあたまにゆびをおく。

おとこがでんきゅうをつけようと
している。

おとこがはこをつつんでいる。

男が別の男を叩いている。 남자가 다른 남자를 때리고 있다. 彼はゴミをゴミ箱に捨てている。 그는
쓰레기를 휴지통에 버리고 있다. 男が頭に指を置く。 남자가 머리에 손가락을 얹는다. 男が電球をつけよ
うとしている。 남자가 전구를 켜려 하고 있다. 男が箱を包んでいる。 남자가 상자를 포장하고 있다.

クリスチャンはにちようびごとに
きょうかいにいく。

せいようじんははながおおきい。

はこがひらいている。

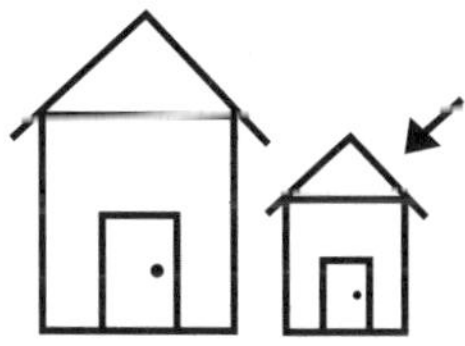

みぎのいえはひだりのいえより
ちいさい。

このおとこはおおきいみみを
もっている。

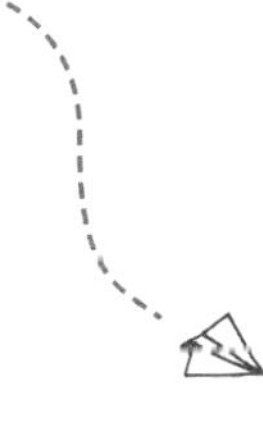

クリスチャンは日曜日ごとに教会に行く。 크리스천은 일요일마다 교회에 간다. 西洋人は鼻が大きい。 서양인은 코가 크다. 箱が開いている。 상자가 열려 있다. 右の家は左の家より小さい。 오른쪽 집은 왼쪽 집보다 작다 この男は大きい耳を持っている。 이 남자는 큰 귀를 갖고 있다.

step 26
START

おとこがゆびでかずをかぞえて
いる。

せんせいがじぶんのなまえを
こくばんにかいた。

ひとがテーブルのしたにかくれて
いる。

おとこがたちあがっている。

おとこがテーブルをおしている。

男が指で数を数えている。남자가 손가락으로 숫자를 세고 있다.　先生が自分の名前を黒板に書いた。
선생님이 자기 이름을 칠판에 썼다.　人がテーブルの下に隠れている。사람이 테이블 밑에 숨어 있다.　男が
立ち上がっている。남자가 일어서고 있다.　男がテーブルを押している。남자가 테이블을 밀고 있다.

それぞれのてにはごほんの
ゆびがある。

ひとはあついのみものを
マグカップでのむ。

めはかおでもっとも
びんかんなぶぶんだ。

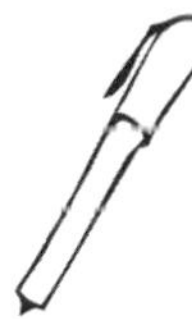

ペンはさきがとがっている。

トウガラシは
いろいろなたべものの
スパイスにつかわれる。

それぞれの手には5本の指がある。 각각의 손에는 다섯 개의 손가락이 있다. 人は熱い飲み物をマグカップで飲む。 사람은 뜨거운 음료를 머그컵으로 마신다. 目は顔で最も敏感な部分だ。 눈은 얼굴에서 가장 민감한 부분이다. ペンは先が尖っている。 펜은 끝이 뾰족하다. トウガラシはいろいろな食べ物のスパイスに使われる。 고추는 여러 음식의 향신료로 사용된다.

START

01 おとこがあたまにゆびをおく。

02 おとこがかみをきっている。

03 おとこがはしっている。

04 おとこがなにかのにおいを
かいでいる。

05 おとこはがっこうにいって
いる。

男が頭に指を置く。 남자가 머리에 손가락을 얹는다.　男が紙を切っている。 남자가 종이를 자르고 있다.
男が走っている。 남자가 달리고 있다.　男が何かのにおいを嗅いでいる。 남자가 뭔가의 냄새를 맡고
있다.　男は学校に行っている。 남자는 학교에 가고 있다.

でんきゅうがついている。

パイナップルはねったいの
くだものだ。

このおとこはおおきいみみを
もっている。

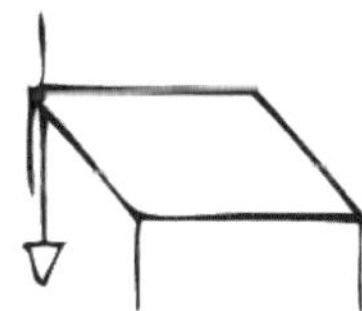

テーブルのひだりにいすをおく。

さかなはみずのなかでいきる。

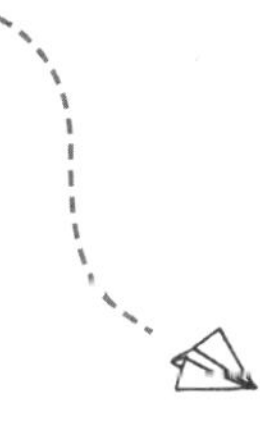

電球がついている。 전구가 켜져 있다. パイナップルは熱帯の果物だ。 파인애플은 열대 과일이다.
この男は大きい耳を持っている。 이 남자는 큰 귀를 갖고 있다. テーブルの左に椅子を置く。 테
이블 왼쪽에 의자를 둔다. 魚は水の中で生きる。 물고기는 물속에 산다.

おとこがたちあがっている。

おとこがドアをあけている。

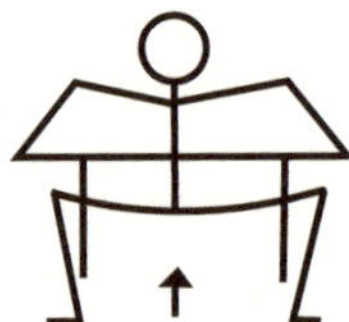

おとこがテーブルをもちあげて
いる。

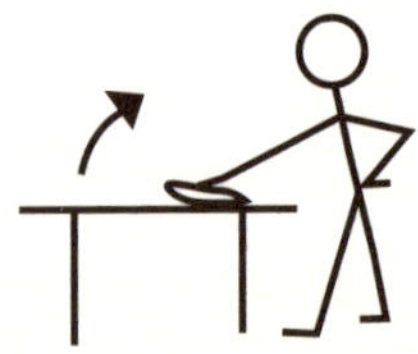

ひとがテーブルからなにかを
とっている。

かれはいすのまわりをいったり
きたりしている。

男が立ち上がっている。 남자가 일어서고 있다. 男がドアを開けている。 남자가 문을 열고 있다. 男がテーブルを持ち上げている。 남자가 테이블을 들어올리고 있다. 人がテーブルから何かを取っている。 사람이 테이블 위에서 뭔가를 집고 있다. 彼は椅子の周りを行ったり来たりしている。 그는 의자 주위를 왔다 갔다 하고 있다.

ぼうしはたいようのひかりを
ふせぐのにやくだつ。

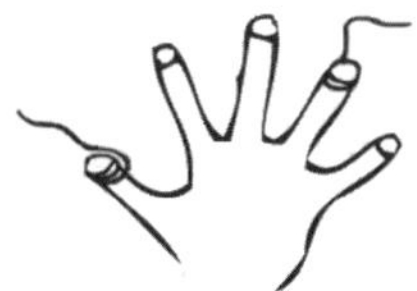

おやゆびとくすりゆびにいとが
むすばれている。

9

やきゅうはきゅうかいまでだ。

このおとことおんなは
おとこのこのりょうしんだ。

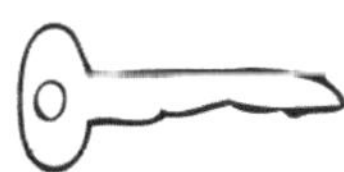

キーはドアをあけたり
しめたりする。

帽子は太陽の光を防ぐのに役立つ。 모자는 태양빛을 막는 데 도움이 된다.　親指と薬指に糸が結ばれている。 엄지와 약지에 실이 매여 있다.　野球は九回までだ。 야구는 9회까지다.　この男と女は男の子の両親だ。 이 남자와 여자는 남자아이의 부모이다.　キーはドアを開けたり閉めたりする。

열쇠는 문을 열거나 잠그거나 한다

step 29
START

おとこがでんきゅうをゆびさして
いる。

ふたりのおとこがハイタッチを
している。

せんせいがじぶんのなまえを
こくばんにかいた。

おとこがはこをつつんでいる。

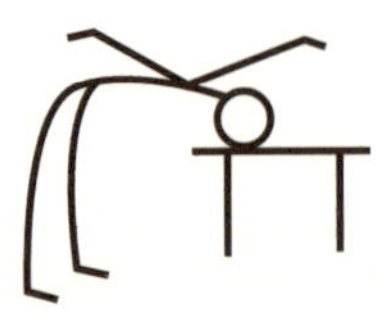

おとこがあたまでテーブルを
たたいている。

06

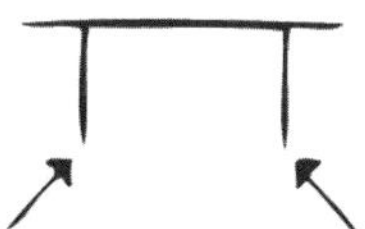

このテーブルはあしがふたつ
しかない。

07

ナイフはものをきるのにつかう。

08

リンゴはおいしい。

09

このいえのやねはとがっている。

10

このおとこのこはおんなのこの
きょうだいだ。

このテーブルは脚が二つしかない。 이 테이블은 다리가 두 개밖에 없다. ナイフは物を切るのに使う。 나이프는 물건을 자르는 데 사용한다. リンゴはおいしい。 사과는 맛있다. この家の屋根は尖っている。 이 집의 지붕은 뾰족하다. この男の子は女の子の兄弟だ。 이 남자아이는 여자아이의 형제이다.

step 30
START

せんせいがこくばんにいえを
かいている。

おとこがみみをかいている。

おとこがあるいていえの
なかにはいっている。

おとこがテーブルのうえにはこを
おいている。

おとこがテーブルのうえに
すわる。

バスケットはからだ。

ワインはブドウからつくられる。

いすとつくえがひとつになっている。

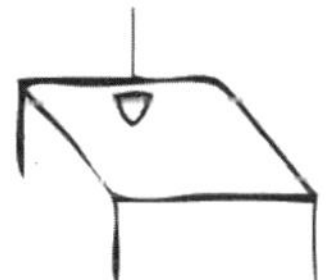

テーブルにさらをおく。

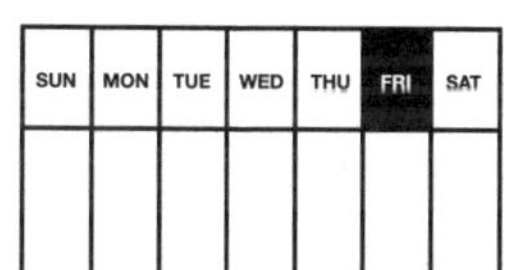

SUN	MON	TUE	WED	THU	FRI	SAT

じゅうさんにちのさんようびは
いくつかのくにでふきつなひと
しんじられている。

バスケットは空だ。 바구니는 비어 있다.　ワインはブドウから作られる。 와인은 포도로 만들어진다.　椅子と
机が一つになっている。 의자와 책상이 하나로 되어 있다.　テーブルに皿を置く。 테이블에 접시를 둔다.　13日の
金曜日はいくつかの国で不吉な日と信じられている。 13일이 금요일은 몇몇 나라에서 불길한 날로 여겨지고 있다.

Lesson 4

step 31
START

おとこがテーブルをもちあげて
いる。

おとこがゆびでかずをかぞえて
いる。

おとこがテーブルをおしている。

おとこがあたまにゆびをおく。

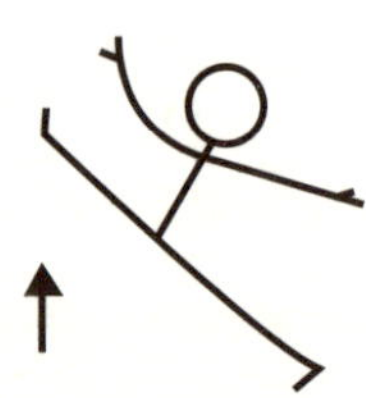

おとこがあしをあげている。

男がテーブルを持ち上げている。남자가 테이블을 들어 올리고 있다. 男が指で数を数えている。남자가 손가락으로 숫자를 세고 있다. 男がテーブルを押している。남자가 테이블을 밀고 있다. 男が頭に指を置く。남자가 머리에 손가락을 얹는다. 男が足を上げている。남자가 다리를 들고 있다.

06

アイスクリームコーンがある。

07

えんぴつのさきはとがっている。

08

おとこがあたまのうえでなにかを
ささえている。

09

だんしトイレは
だんせいせんようだ。

10

キュウリはやさいのなかの
ひとつだ。

アイスクリームコーンがある。아이스크림콘이 있다.　えんぴつの先は尖っている。연필 끝은 뾰족
하다.　男が頭の上で何かを支えている。남자가 머리 위로 뭔가를 받치고 있다.　男子トイレは男性
専用だ。남자 화장실은 남성 전용이다.　キュウリは野菜の中の　つだ。오이는 야채 중 하나이다.

step 32
START

おとこがじめんをゆびさしている。

せんせいがこくばんにいえを
かいている。

おとこがぼうしをかぶって
いる。

おとこがなにかのにおいを
かいでいる。

おとこがドアをしめている。

男が地面を指差している。남자가 땅을 가리키고 있다. 先生が黒板に家を描いている。선생님이 칠판에 집을 그리고 있다. 男が帽子を被っている。남자가 모자를 쓰고 있다. 男が何かのにおいを嗅いでいる。남자가 뭔가의 냄새를 맡고 있다. 男がドアを閉めている。남자가 문을 닫고 있다.

とけいにはたんしんとちょうしんと
びょうしんがある。

クモはあしがやっつある。

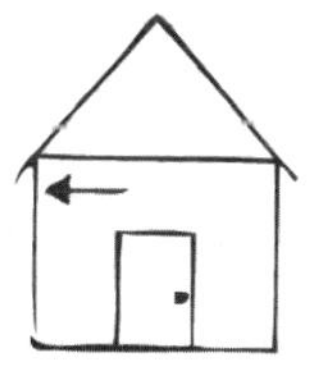

すべてのひとはどようびを
たのしみにまつ。

めはかおでもっとも
びんかんなぶぶんだ。

いえはしめんがかべだ。

時計には短針と長針と秒針がある。시계에는 시침, 분침, 초침이 있다. クモは足が八つある。거미는 다리가 여덟 개이다. 全ての人は土曜日を楽しみに待つ。모든 사람은 토요일을 고대한다. 目は顔で最も敏感な部分だ。눈은 얼굴에서 가장 민감한 부분이다. 家は四面が壁だ。집은 사면이 벽이다.

step 33
START

ひとがいすにさわる。

しょうねんがいえからあるいて
でている。

ふたりのおとこがあくしゅをして
いる。

おとこがさけんでいる。

おとこがおんなとダンスを
している。

人が椅子に触る。사람이 의자를 만진다. 少年が家から歩いて出ている。소년이 집에서 걸어 나가고 있다. 2人の男が握手をしている。두 명의 남자가 악수를 하고 있다. 男が叫んでいる。남자가 소리치고 있다. 男が女とダンスをしている。남자가 여자와 춤을 추고 있다.

いぬはにんきのあるペットだ。

ひとはがっこうにいかなければ
ならない。

08

とけいにはたんしんとちょうしんと
びょうしんがある。

09

7

すうじのななはこううんの
すうじとしんじられている。

10

このおんなはおんなのこの
そぼだ。

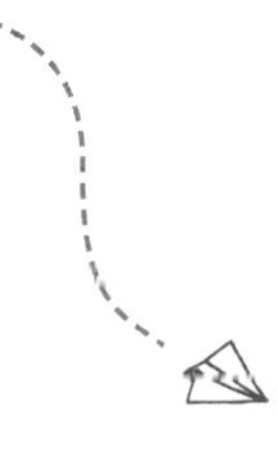

START

ひとがいすにすわる。

おとこがゴミばこのなかにあしを
いれる。

おんながまわっている。

おとこがはこをつつんでいる。

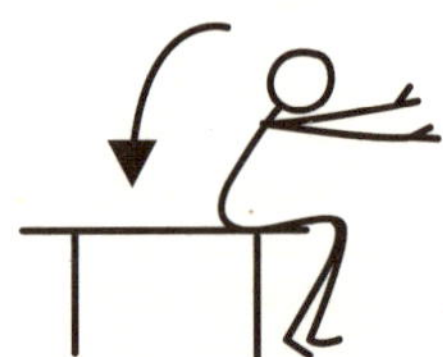

おとこがテーブルのうえに
すわる。

人が椅子に座る。사람이 의자에 앉는다. 男がゴミ箱の中に足を入れる。남자가 휴지통 안에 발을 넣는다. 女が回っている。여자가 돌고 있다. 男が箱を包んでいる。남자가 상자를 포장하고 있다. 男がテーブルの上に座る。남자가 테이블 위에 앉는다.

それぞれのてにはごほんの
ゆびがある。

ペンのさきがとがっている。

かのじょのかみはカールして
ある。

せいようじんははながおおきい。

ゴミばこはからだ。

それぞれの手には 3本の指がある。 각각의 손에는 다섯 개의 손가락이 있다. ペンの先が尖ってい
る。 펜 끝이 뾰족하다. 彼女の髪はカールしてある。 그녀의 머리에는 컬(curls)이 있다. 西洋人は鼻が
大きい。 서양인은 코가 크다. ゴミ箱は空だ。 휴지통은 비어 있다.

step 35
START

おとこがドアをあけている。

かれはゴミをゴミばこにすてて
いる。

ひとがテーブルのしたにかくれて
いる。

おとこがふかくいきをすって
いる。

おとこがはしっている。

男がドアを開けている。남자가 문을 열고 있다. 彼はゴミをゴミ箱に捨てている。그는 쓰레기를 휴지통에 버리고 있다. 人がテーブルの下に隠れている。사람이 테이블 아래 숨어 있다. 男が深く息を吸っている。남자가 깊이 숨을 들이쉬고 있다. 男が走っている。남자가 달리고 있다.

ほんがひらいている。

うちゅうにはかぞえきれない
ほどのほしがある。

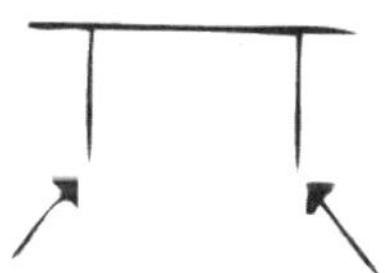

このテーブルはあしが
ふたつしかない。

くるまはゆそうしゅだんの
ひとつだ。

9

やきゅうはきゅうかいまでだ。

本が開いている。 책이 펼쳐서 있나. 宇宙には数えきれないほどの星がある。 우주에는 셀 수 없을 만큼의 별이 있다. このテーブルは脚が二つしかない。 이 테이블은 다리가 두 개밖에 없다. 車は輸送手段の一つだ。 자동차는 수송수단의 하나이다. 野球は九回までだ。 야구는 9회까지나.

step 36
START

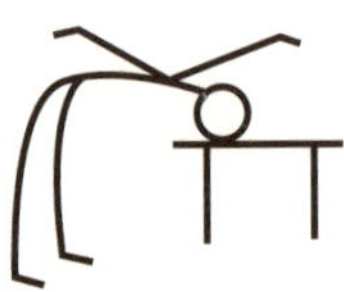

おとこがあたまでテーブルをうつ。

おとこがりょううでをあげて
いる。

おとこがでんきゅうをつけようと
している。

おとこがうでをおろす。

おとこがなにかをとめている。

<ruby>男<rt>おとこ</rt></ruby>が<ruby>頭<rt>あたま</rt></ruby>でテーブルを<ruby>打<rt>う</rt></ruby>つ。남자가 머리로 테이블을 친다. <ruby>男<rt>おとこ</rt></ruby>が<ruby>両腕<rt>りょううで</rt></ruby>を<ruby>上<rt>あ</rt></ruby>げている。남자가 양팔을 올리고 있다. <ruby>男<rt>おとこ</rt></ruby>が<ruby>電球<rt>でんきゅう</rt></ruby>をつけようとしている。남자가 전구를 켜려 하고 있다. <ruby>男<rt>おとこ</rt></ruby>が<ruby>腕<rt>うで</rt></ruby>を<ruby>下<rt>お</rt></ruby>ろす。남자가 팔을 내린다. <ruby>男<rt>おとこ</rt></ruby>が<ruby>何<rt>なに</rt></ruby>かを<ruby>止<rt>と</rt></ruby>めている。남자가 뭔가를 멈춰 세우고 있다.

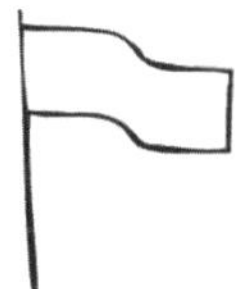

はたがはためいている。

おとこのあたまがそられている。

このおとことおんなはおとこのこと
おんなのこのりょうしんだ。

それぞれのてにはごほんの
ゆびがある。

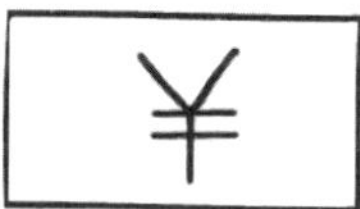

ひとはおかねでものをかう。

はた
旗がはためいている。깃발이 펄럭이고 있다.　男の頭が剃られている。남자의 머리가 삭발되어 있다.　この
男と女は男の子と女の子の両親だ。이 남자와 여자는 남자아이와 여자아이의 부모이다.　それぞれの手には
ごほん　ゆび
5本の指がある。각각의 손에는 다섯 개의 손가락이 있다. 人はお金で物を買う。사람은 돈으로 물건을 산다.

step 37
START

ひとがいすにすわる。

おとこがはこからなにかを
とりだしている。

おとこがなにかをとめている。

おとこがみみをかいている。

おとこがさけんでいる。

人が椅子に座る。사람이 의자에 앉는다. 男が箱から何かを取り出している。남자가 상자에서 뭔가를 꺼내고 있다. 男が何かを止めている。남자가 뭔가를 멈춰 세우고 있다. 男が耳をかいている。남자가 귀를 긁고 있다. 男が叫んでいる。남자가 소리치고 있다.

06

かえるはみずのなかとりくで
いきることができる。

07

とけいにはたんしんとちょうしんと
びょうしんがある。

08

リンゴはおいしい。

09

バスケットはからだ。

10

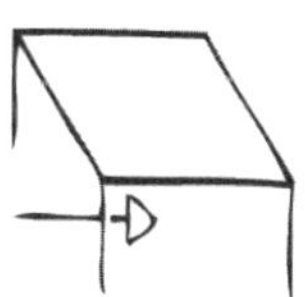

テーブルのしたにはなにもない。

蛙は水の中と陸で生きることができる。 개구리는 물속과 육지에서 살 수 있다.　時計には短針と
長針と秒針がある。 시계에는 시침, 분침, 초침이 있다.　リンゴはおいしい。 사과는 맛있다.　バスケ
ットは空だ。 바구니는 비어 있다.　テーブルの下には何もない。 테이블 이래에는 아무것도 없다.

step 38
START

せんせいがこくばんにいえを
かいている。

おとこがじめんをゆびさして
いる。

おとこがひざまずいている。

かれはともだちにてを
ふっている。

おんながりょううでを
こうさささせている。

20

にじゅうのしつもんはこどもたちの
あいだでにんきのあそびである。

クモはあしがやっつある。

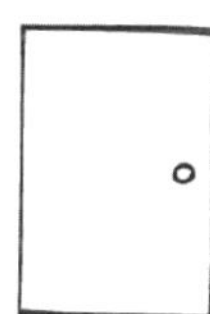

このドアはノブがある。

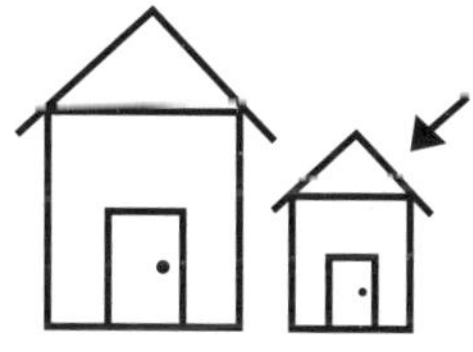

みぎのいえはひだりのいえより
ちいさい。

このおんなのこはこのおとこの
むすめだ。

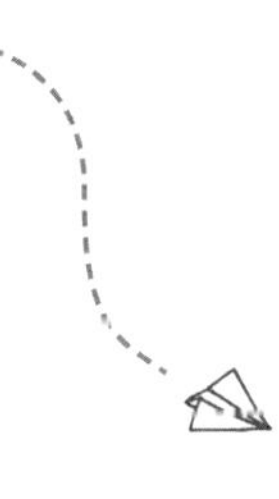

step 39
START

おとこがでんきゅうをゆびさしている。

02

おとこがはこからなにかをとりだしている。

03

おとこがドアをあけている。

04

せんせいがじぶんのなまえをこくばんにかいた。

05

おとこがテーブルをおしている。

男が電球を指差している。 남자가 전구를 가리키고 있다. 男が箱から何かを取りだしている。 그는 상자에서 뭔가를 꺼내고 있다. 男がドアを開けている。 남자가 문을 열고 있다. 先生が自分の名前を黒板に書いた。 선생님이 자기 이름을 칠판에 썼다. 男がテーブルを押している。 남자가 테이블을 밀고 있다.

06

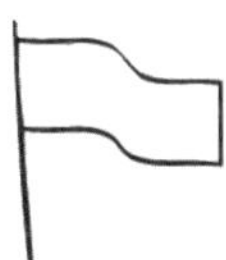

はたがはためいている。

07

ひとはがっこうにいかなければ
ならない。

08

7

すうじのななはおおくのくにで
こううんのすうじと
しんじられている。

09

おとこがあしをゆびさしている。

10

さかなはみずのなかでいきる。

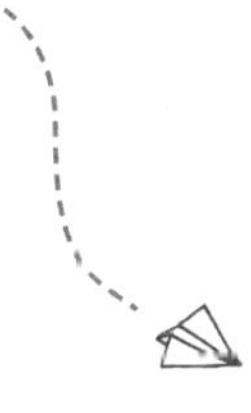

step 40

START

おとこがうでをおろす。

おとこがはしっている。

おとこはじめんにすわろうとして
いる。

かれはいすのまわりをいったり
きたりしている。

ひとがいすにすわる。

男が腕を下ろす。 남자가 팔을 내린다. 男が走っている。 남자가 달리고 있다. 男は地面に座ろうとしている。 남자는 땅에 앉으려 하고 있다. 彼は椅子の周りを行ったり来たりしている。 그는 의자 주위를 왔다 갔다 하고 있다. 人が椅子に座る。 사람이 의자에 앉는다.

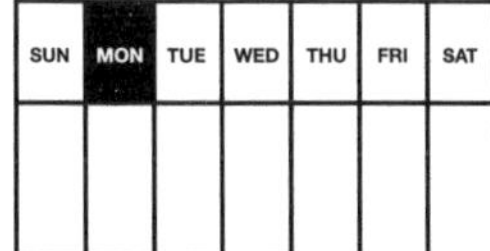

がっこうはげつようびから
はじまる。

おやゆびとこゆびはごほんのゆび
のなかでもっともちいさい。

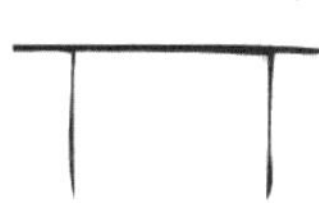

このテーブルはあしが
ふたつしかない。

だんしトイレは
だんせいせんようだ。

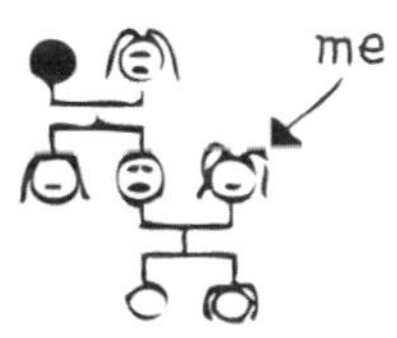

このおとこはこのおんなのぎりの
ちちだ。

step 41

START

かれはゴミをゴミばこに
すてている。

おとこががっこうにいって
いる。

かれはふとっている。

おとこがゆびでかずをかぞえて
いる。

おとこがでんきゅうをつけようと
している。

彼はゴミをゴミ箱に捨てている。 그는 쓰레기를 휴지통에 버리고 있다. 男が学校に行っている。
남자가 학교에 가고 있다. 彼は太っている。 그는 뚱뚱하다. 男が指で数を数えている。 남자가 손가
락으로 숫자를 세고 있다. 男が電球をつけようとしている。 남자가 전구를 켜려 하고 있다.

06 ほんがひらいている。

07 ワインはブドウからつくられる。

08 レストランではたべものをうる。

09

4

かんこくですうじのしはうんが
わるいとしんじられている。

10 やきゅうのボールはちいさくて
かたい。

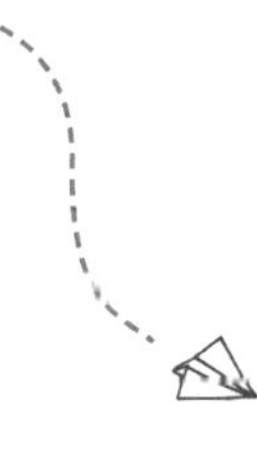

START

おとこがとんでいる。

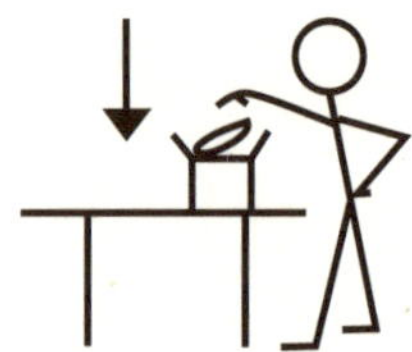

おとこがはこのなかになにかを
おとす。

おとこがひざまずいている。

おとこがぼうしをかぶっている。

おとこがおんなをもちあげて
いる。

男が跳んでいる。남자가 뛰어오르고 있다. 男が箱の中に何かを落とす。남자가 상자 안에 뭔가를 떨
어뜨린다. 男が跪いている。남자가 무릎 꿇고 있다. 男が帽子を被っている。남자가 모자를 쓰고 있다.
男が女を持ち上げている。남자가 여자를 들어 올리고 있다.

06 はこがひらいている。

07

10

わたしたちはじゅっしんほうを
つかう。

08 このおとこはおとこのこの
そふだ。

09 オレンジのかわはでこぼこして
いる。

10 つくえのうえにでんわとラジオと
しゃしんがある。

箱が開いている。 상자가 열려 있다. 私たちは十進法を使う。 우리는 십진법을 사용하다 この男は
男の子の祖父だ。 이 남자는 남자아이의 할아버지이다. オレンジの皮はでこぼこしている。 오렌지
껍질은 울퉁불퉁하다. 机の上に電話とラジオと写真がある。 책상 위에 전화기와 라디오와 사진이 있다.

세상에서 제일 쉬운
일본어 책♪

CHAPTER 2

Lesson 5

START

おとこがあたまをかいている。

おとこがテーブルをもちあげて
いる。

かれはあたまでテーブルをうつ。

おとこがぼうしをかぶる。

ふたりのおとこがハイタッチを
している。

おとこ あたま
男が頭をかいている。 남자가 머리를 긁고 있다. 男がテーブルを持ち上げている。 남자가 테이블을
들어 올리고 있다. 彼は頭でテーブルを打つ。 그는 머리로 테이블을 친다. 男が帽子を被る。 남자가 모
자를 쓴다. 二人の男がハイタッチをしている。 두 명의 남자가 하이파이브를 하고 있다.

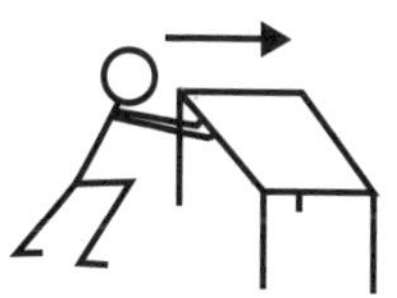

おとこがテーブルをおしている。

としょかんはひとびとにほんを
かす。

ワイングラスにはステムとだいは
あるがとってはない。

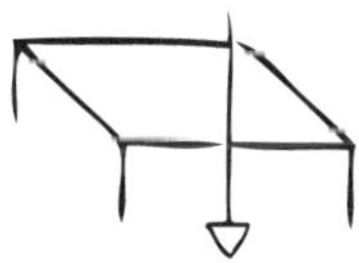

テーブルの まえにいすをおく。

18

アメリカではじゅうはっさいから
おとなとしくあつかわれる。

男がテーブルを押している。 남자가 테이블을 밀고 있다. 図書館は人々に本を貸す。 도서관은 사람들에게 책을 빌려 준다. ワイングラスにはステムと台はあるが取っ手 はない。 와인글라스에는 「다리와 받침은 있지만 손잡이는 없다. テーブルの前に椅子を置く。 테이블 앞에 의자를 둔다. アメリカでは18歳から大人として扱われる。 미국에서는 18세부터 어른으로 취급받는다.

step 02
START

ひとがいのっている。

おとこがテーブルのしたに
とじこめられている。

おんながおどっている。

おとこがアイスクリームコーンを
たべている。

おとこがぞうきんでまどを
ふいている。

人が祈っている。사람이 기도하고 있다. 男がテーブルの下に閉じ込められている。남자가 테이블 아래에 갇혀 있다. 女が踊っている。여자가 춤추고 있다. 男がアイスクリームコーンを食べている。남자가 아이스크림콘을 먹고 있다. 男が雑巾で窓を拭いている。남자가 걸레로 창문을 닦고 있다.

06 おとこがはくしゅしている。

07 ときはきちょうだ。

08 ワインはブドウからつくられる。

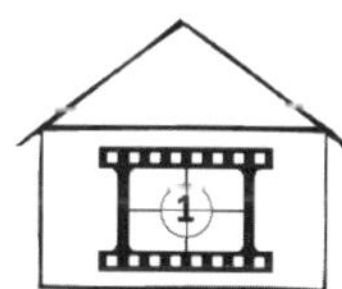

09 えいがかんではえいがをみせる。

10

14

にがつじゅうよっかは
バレンタインデーだ。

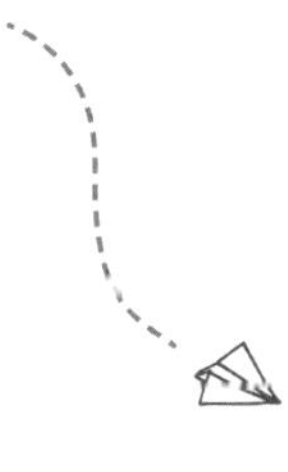

START

おとこがなにかをとめている。

おとこがテーブルのうえでバランスを
とろうとしている。

おとこがかいだんをのぼっている。

おとこがあしをストレッチ
している。

おとこがてをあげる。

男が何かを止めている。 남자가 뭔가를 멈춰 세우고 있다. 男がテーブルの上でバランスを取ろうとしている。 남자가 테이블 위에서 균형을 잡으려 하고 있다. 男が階段を上っている。 남자가 계단을 오르고 있다. 男が脚をストレッチしている。 남자가 다리를 스트레칭하고 있다. 男が手を上げる。 남자가 손을 올린다.

 **06**

おとこがてにしゃしんをもって
いる。

 **07**

スーパーマーケットでは
しょくひん、かし、のみものなどを
はんばいする。

08

ねこはもっともにんきのある
ペットだ。

09

あしはひとのたいじゅうを
ささえる。

10

スプーンはたべものをたべるのに
つかわれる。

男が手に写真を持っている。 남자가 손에 사진을 들고 있다. スーパーマーケットでは食品、菓子、飲み物などを販売する。 슈퍼마켓에서는 식품, 과자, 음료 등을 판매한다. 猫は最も人気のあるペットだ。 고양이는 가장 인기 있는 애완동물이다. 脚は人の体重を支える。 다리는 사람의 체중을 지탱한다.

スプーンは食べ物を食べるのに使われる。 스푼은 음식을 먹는 데 사용된다.

step 04
START

おとこがぼうしをかぶっている。

おとこがみずをのんでいる。

おとこがはしごをおりている。

ひとがてをみずであらっている。

おんながこくばんにじぶんの
なまえをかいている。

男が帽子を被っている。 남자가 모자를 쓰고 있다. 男が水を飲んでいる。 남자가 물을 마시고 있다.

男がはしごを降りている。 남자가 사다리를 내려가고 있다. 人が手を水で洗っている。 사람이 손을 물로 씻고 있다. 女が黒板に自分の名前を書いている。 여자가 칠판에 자기 이름을 쓰고 있다.

おとこがてをあげている。

おとこがあしをゆびさしている。

ナプキンはフォークのよこに
ある。

20

にじゅうのしつもんはこどもたちの
あいだでにんきのゲームだ。

かいちゅうでんとうは
けいたいできる。

男が手を上げている。 남자가 손을 올리고 있다.　男が足を指差している。 남자가 발을 가리키고 있다.
ナプキンはフォークの横にある。 냅킨은 포크 옆에 있다.　20の質問は子供たちの間で人気の
ゲームだ。 스무고개는 아이들 사이에서 인기 있는 게임이다.　懐中電灯は携帯できる。 손전등은 휴대할 수
있다.

step 05
START

おとこがジャンプしている。

おとこがぞうきんでまどを
ふいている。

おとこがろうそくにひを
つけている。

おとこがしんぶんを
にぎりつぶしている。

おとこがゆかでねている。

06

カップルがキスをしている。

07

じょしトイレは
じょせいせんようだ。

08

ようナシはくだものの
いっしゅだ。

09

はたがはためく。

10

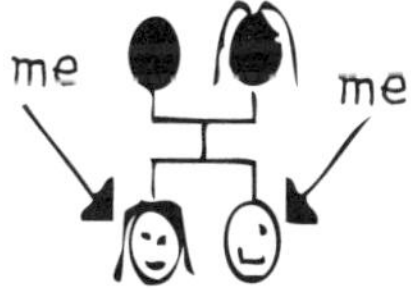

このおとことおんなはこのこたちの
りょうしんだ。

step 06
START

おとこがぼうしをとっている。

おとこがぞうきんでまどを
ふいている。

かれはテーブルをあたまでうつ。

おとこがベッドのうえによこに
なる。

おとこがちいさいはこを
とじている。

男が帽子を取っている。남자가 모자를 벗고 있다. 男が雑巾で窓を拭いている。남자가 걸레로 창문을 닦고 있다. 彼はテーブルを頭で打つ。그는 테이블을 머리로 친다. 男がベッドの上に横になる。남자가 침대 위에 눕는다. 男が小さい箱を閉じている。남자가 작은 상자를 닫고 있다.

おとこがテーブルにゴミをまく。

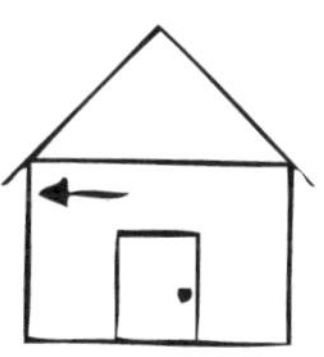

いえはしめんがかべだ。

このおんなのこはこのおんなの
むすめだ。

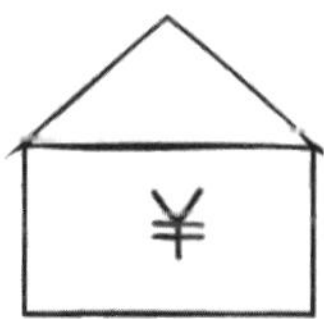

ひとはぎんこうにおかねを
あずける。

さかなはみずのなかでいきる。

男がテーブルの上にゴミをまく。 남자가 테이블에 쓰레기를 붓는다. 家は四面が壁だ。 집은 사면 이 벽이다. この女の子はこの女の娘だ。 이 여자아이는 이 여자의 딸이다. 人は銀行にお金を預け る。 사람은 은행에 돈을 맡기다 魚は水の中で生きる。 물고기는 물속에 산다.

step 07
START

おとこがみずをごくごくのむ。

おとこがうたをくちぶえでふく。

ふたりのおとこがあくしゅをして
いる。

おとこがしたをだしている。

おとこがかみをとかしている。

男が水をごくごく飲む。남자가 물을 벌컥벌컥 마신다.　男が歌を口笛で吹く。남자가 노래를 휘파람으
로 부른다.　2人の男が握手をしている。두 명의 남자가 악수를 하고 있다.　男が舌を出している。남
자가 혀를 내밀고 있다.　男が髪をとかしている。남자가 머리를 빗고 있다.

おとこがかいだんをのぼって
いる。

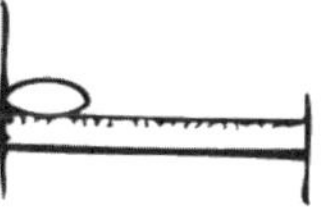

ベッドはひとがねるばしょだ。

08

たべものはさらのうえに
おかれる。

09

10

わたしたちはじゅっしんほうを
つかう。

10

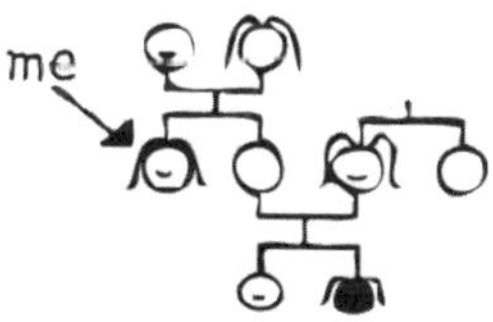

このおんなのこはこのおんなの
めいだ。

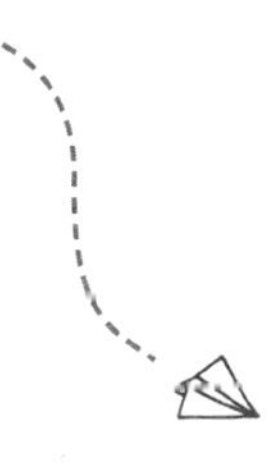

START

このじょせいはひだりめで
ウインクする。

おとこがいすのうえにたとうと
している。

おとこがうでをあげる。

おとこがグラスにみずを
そそいでいる。

おとこはあたまをかいている。

この女性は左目でウインクする。이 여성은 왼쪽 눈으로 윙크한다.　男が椅子の上に立とうとしている。남자가 의자 위에 서려 하고 있다.　男が腕を上げる。남자가 팔을 올린다.　男がグラスに水を注いでいる。남자가 유리잔에 물을 붓고 있다.　男は頭をかいている。남자는 머리를 긁고 있다.

おとこがはこのうしろに
かくれている。

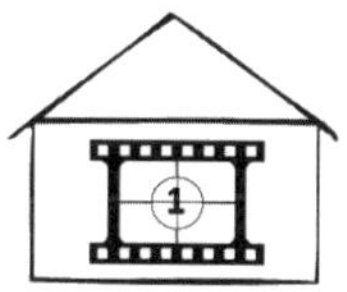

えいがかんではえいがをみせる。

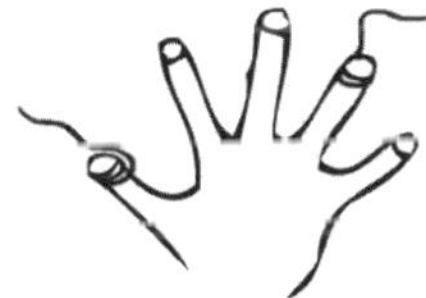

おやゆびとくすりゆびにいとが
むすばれている。

おんながスカートをはいている。

20

まえのせいきはにじゅっせいき
だった。

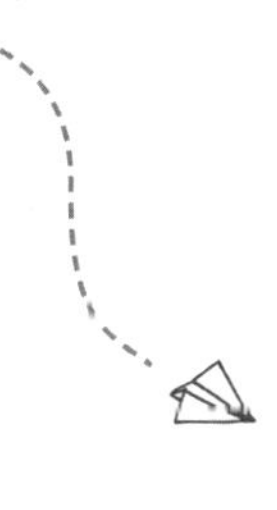

おとこ はこ うし かく
男が箱の後ろに隠れている。남자가 상자 뒤에 숨어 있다.　えいがかん えいが み
映画館では映画を見せる。영화관에서
는 영화를 보여 준다.　おやゆび くすりゆび いと むす
親指と薬指に糸が結ばれている。엄지와 약지에 실이 매여 있다.　おんな
女がスカー
トをはいている。여자가 스커트를 입고 있다.　まえ せいき にじゅっせいき
前の世紀は20世紀だった。전 세기는 20세기였다.

step 09
START

おとこがはやくはしっている。

じょせいがくちをあける。

おんながりょううでを
こうささせている。

おとこがぼうしをとる。

おとこがあしをあげている。

男が早く走っている。 남자가 빨리 달리고 있다. 女性が口を開ける。 여성이 입을 벌린다. 女が両腕を交差させている。 여자가 양팔을 교차시키고 있다. 男が帽子を取る。 남자가 모자를 벗는다. 男が足を上げている。 남자가 다리를 올리고 있다.

おとこがテーブルにゴミをまく。

ボトルはリサイクルできる。

あなたのせなかをみせなさい。

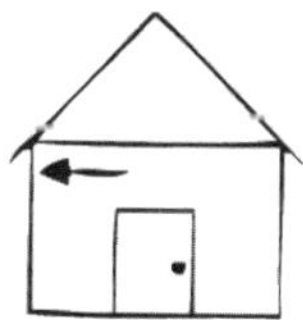

いえはしめんがかべだ。

このおんなのこはこのおんなの
まごむすめだ。

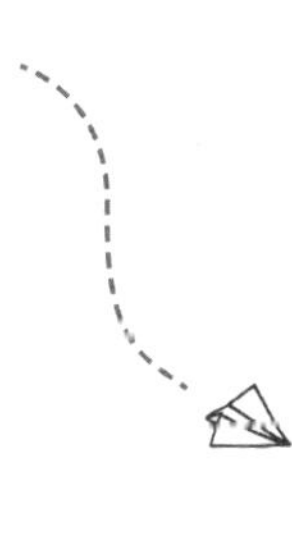

step 10
START

おとこがはくしゅしている。

おとこがちいさいはこを
とじている。

おんなはりょううでを
ひろげている。

おとこがしゃしんをみせている。

おんながまわっている。

06

おとこがはこにキュウリを
おとす。

07

フォークはたべものをたべるのに
つかわれる。

08

バスケットのなかに
たまごがある。

09

それぞれのてにはごほんの
ゆびがある。

10

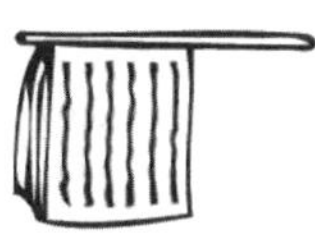

おおくのひとがまいにち
しんぶんをよむ。

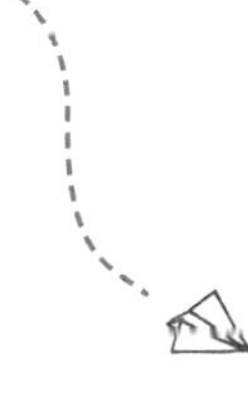

男が箱にキュウリを落とす。 남자가 상자에 오이를 떨어뜨린다. フォークは食べ物を食べるの
に使われる。 포크는 음식을 먹는 데 사용된다. バスケットの中に卵がある。 바구니 안에 달걀이 있다.
それぞれの手には５本の指がある。 각각의 손에는 다섯 개의 손가락이 있다. 多くの人が毎日新
聞を読む。 많은 사람이 매일 신문을 읽는다.

Lesson 6

START

おとこがぼうしをかぶっている。

おとこがテーブルからおりて
いる。

ふたりのおとこがハイタッチを
している。

おとこがかみをとかしている。

おとこがテーブルにゴミをまく。

男が帽子を被っている。 남자가 모자를 쓰고 있다. 男がテーブルから降りている。 남자가 테이블에서 내려오고 있다. 二人の男がハイタッチをしている。 두 명의 남자가 하이파이브를 하고 있다. 男が髪をとかしている。 남자가 머리를 빗고 있다. 男がテーブルにゴミをまく。 남자가 테이블에 쓰레기를 붓다.

06

おとこがキュウリをひろって
いる。

07

ワイングラスにはステムとだいは
あるがとってはない。

08

おんなはブラウスをきる。

09

これはおとこのしゃしんだ。

10

ふたりのひとがけっこんすると、
かれらはおっととつまになる。

男がキュウリを拾っている。 남자가 오이를 줍고 있다.　ワイングラスにはステムと台はあるが
取っ手はない。 와인글라스에는 다리와 받침은 있지만 손잡이는 없다.　女はブラウスを着る。 여자는 블라
우스를 입는다.　これは男の写真だ。 이것은 남자 사진이다.　二人の人が結婚すると、彼らは夫と
妻になる。 두 사람이 결혼하면 그들은 남편과 아내가 된다.

step 12
START

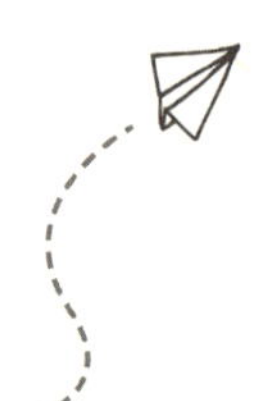

おんながりょううでを
こうささせている。

おとこがぞうきんでまどを
ふいている。

おとこがいすのうえにたとうと
している。

おとこがほうきでゆかをはいて
いる。

このじょせいはひだりめで
ウインクする。

06

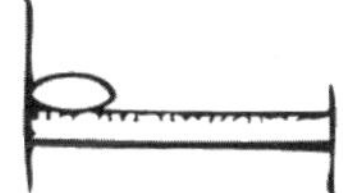

ベッドはひとがねるばしょだ。

07

じょうぎはもののながさをはかる
のにつかわれる。

08

かがみはひかりをはんしゃする
のでわたしたちはじぶんじしんを
みることができる。

09

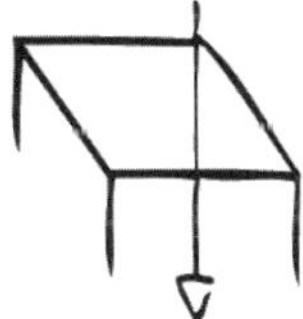

テーブルのまえにいすをおく。

10

17

「セブンティーン」はアメリカの
じゅうだいのしょうじょたちの
あいだでとてもにんきのある
ざっしだ。

Go on to
the next step!!

ベッドは人が寝る場所だ。 침대는 사람이 자는 곳이다. 定規は物の長さを測るのに使われる。 자는 물건의 길이를
재는 데 사용된다. 鏡は光を反射するので私たちは自分自身を見ることができる。 거울은 빛을 반사하기 때문에 우리
는 자기 자신을 볼 수 있다. テーブルの前に椅子を置く。 테이블 앞에 의자를 둔다. 「セブンティーン」はアメリカの
10代の少女たちの間でとても人気のある雑誌だ。 「세븐틴」은 미국의 10대 소녀들 사이에서 매우 인기 있는 잡지이다.

step 13

START

おとこがアイスクリームコーンを
たべている。

おんなはりょううでを
ひろげている。

おとこがいすのうえにたとうと
している。

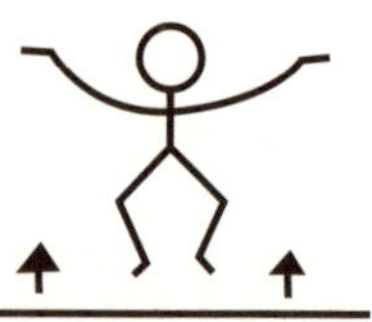

おとこがジャンプしている。

おとこがおんなのかみを
ひっぱっている。

男がアイスクリームコーンを食べている。 남자가 아이스크림콘을 먹고 있다. 女は両腕を広げている。
女が両腕を広げている。 여자가 양팔을 벌리고 있다. 男が椅子の上に立とうとしている。 남자가 의자 위에 서려 하고 있다. 男がジャンプしている。 남자가 점프하고 있다. 男が女の髪を引っ張っている。 남자가 여자의 머리를 잡아당기고 있다.

06 おとこがひげをそっている。

07 マグカップにはとってがある。

08 かおにはくち、はな、めがある。

09 ひこうきはもっともあんぜんで
はやいゆそうしゅだんのひとつだ。

10

50

アメリカにはごじゅうのしゅうが
ある。

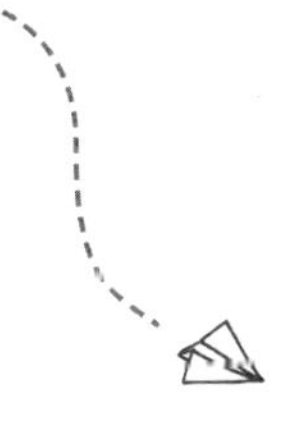

step 14
START

おとこがガソリンタンクを
みたしている。

おとこがまっすぐあるいている。

おとこがうたをくちぶえでふく。

ひとがてをみずであらっている。

ひとがテーブルからおりている。

06

おんながりょううでを
こうささせている。

07

スーパーマーケットでは
しょくひん、かし、のみものなどを
はんばいする。

08

80

「はちじゅうにちかんせかい
いっしゅう」はせかいでとても
にんきのあるしょうせつだ。

09

かさはあめのひにつかわれる。

10

かえるはみずのなかとりくで
いさることができる。

step 15
START

おとこがはこのうしろに
かくれている。

おとこがほんをよんでいる。

おとこがはくしゅしている。

おとことおんながダンスを
している。

カップルがキスしている。

男が箱の後ろに隠れている。 남자가 상자 뒤에 숨어 있다. 男が本を読んでいる。 남자가 책을 읽고 있다. 男が拍手している。 남자가 박수치고 있다. 男と女がダンスをしている。 남자와 여자가 춤을 추고 있다. カップルがキスしている。 커플이 키스하고 있다.

おとこがなにかをてわたして
いる。

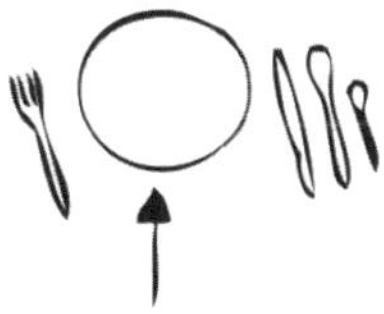

たべものはさらのうえに
おかれる。

あしはひとのたいじゅうを
ささえる。

ほとんどのばあいじょせいは
ハンドバッグをもちあるく。

はやくおきるとりがむしを
つかまえる。

男が何かを手渡している。남자가 뭔가를 건네고 있다. 食べ物は皿の上に置かれる。음식은 접시 위에 놓인다. 脚は人の体重を支える。다리는 사람의 체중을 지탱한다. ほとんどの場合女性はハンドバッグを持ち歩く。대부분의 경우 여성은 핸드백을 갖고 다닌다. 早く起きる鳥が虫を捕まえる。일찍 일어나는 새가 벌레를 잡는다.

step 16
START

01

おとこがテーブルをもちあげて
いる。

02

おとこがゆかでねている。

03

おとこがこどもにてを
さしのべている。

04

おとこがいえのなかにあるいて
はいっている。

05

おとこがキュウリを
ひろっている。

男がテーブルを持ち上げている。 남자가 테이블을 들어 올리고 있다. 男が床で寝ている。 남자가 바닥에서 자고 있다. 男が子供に手を差し伸べている。 남자가 아이에게 손을 내밀고 있다. 男が家の中に歩いて入っている。 남자가 집 안으로 걸어 들어가고 있다. 男がキュウリを拾っている。 남자가 오이를 줍고 있다.

06

おとこがほうきでゆかをはいて
いる。

07

すべてのたてものにはまどが
なければならない。

08

グラスはからだ。

09

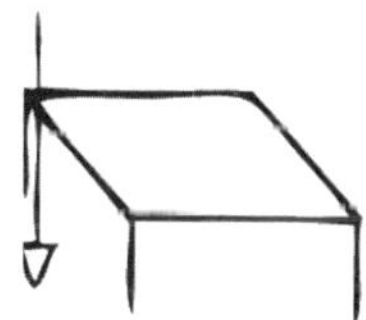

テーブルのよこにいすをひとつ
おく。

10

17

「セブンティーン」はアメリカの
じゅうだいのしょうじょたちの
あいだでとてもにんきのめる
ざっしだ。

男がほうきで床を掃いている。 남자가 빗자루로 바닥을 쓸고 있다. 全ての建物には窓がなければ
ならない。 모든 건물에는 창문이 없으면 안 된다. グラスは空だ。 유리잔은 비어 있다. テーブルの横
に椅子を一つ置く。 테이블 옆에 의자를 하나 둔다. 「セブンティーン」はアメリカの10代の少女
たちの間でとても人気のある雑誌だ。 「세븐틴」은 미국의 10대 소녀들 사이에서 매우 인기 있는 잡지이다.

step 17
START

ふたりのおとこがハイタッチを
している。

おとこがぼうしをとっている。

ふたりのおとこがあくしゅをして
いる。

おとこがテーブルにいぬを
つないでいる。

おとこがテーブルにゴミをまく。

二人の男がハイタッチをしている。두 명의 남자가 하이파이브를 하고 있다. 男が帽子を取っている。남자가 모자를 벗고 있다. 二人の男が握手をしている。두 명의 남자가 악수를 하고 있다. 男がテーブルに犬をつないでいる。남자가 테이블에 개를 묶고 있다. 男がテーブルにゴミをまく。남자가 테이블에 쓰레기를 붓다.

おとこがしんぶんを
にぎりつぶしている。

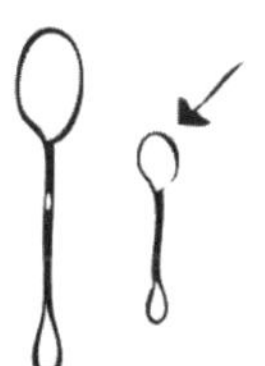

ティースプーンはおちゃを
のむのにつかわれる。

オレンジのかわはでこぼこして
いる。

バスケットのなかに
たまごがある。

くしはかみをととのえるのに
つかわれる。

男が新聞を握りつぶしている。 남자가 신문을 꼭 쥐고 있다.　ティースプーンはお茶を飲むのに
使われる。 티스푼은 차를 마시는 데 사용된다.　オレンジの皮はでこぼこしている。 오렌지 껍질은 울
퉁불퉁하다.　バスケットの中に卵がある。 바구니 안에 달걀이 있다.　くしは髪をととのえるのに
使われる。 빗은 머리를 다듬는 데 사용된다

step 18
START

01

おとこがぼうしをかぶっている。

02

おとこがいすのまわりをいったり
きたりしている。

03

おんながまわっている。

04

おとこがふうせんをふくらます。

05

おとこがゴミばこにあしをいれる。

おとこがかみをきっている。

イチゴはくだもののいっしゅだ。

40

「アリババとよんじゅうにんの
とうぞく」はせかいでとても
ゆうめいなアラビアのどうわだ。

しょるいカバンはしょるいや
ぶんしょをはこぶのにつかわれる。

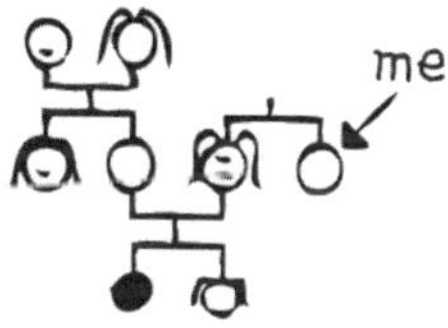

おとこのこはこのおとこのおいだ。

男が紙を切っている。남자가 종이를 자르고 있다. イチゴは果物の一種だ。딸기는 과일의 일종이다.

「アリババと４０人の盗賊」は世界でとても有名なアラビアの童話だ。「알리바바와 40인의 도적」
은 세계에서 매우 유명한 아라비아 동화이다. 書類カバンは書類や文書を運ぶのに使われる。서류 가
방은 서류와 문서를 나르는 데 사용된다. 男の子はこの男の甥だ。남자아이는 이 남자의 조카이다.

step 19
START

01 おとこがみずをごくごくのむ。

02 

おとこがガソリンタンクを
みたしている。

03 

おとこがべつのおとこを
たたいている。

04 

おとこがテーブルのうえにはこを
おいている。

05 

おとこがはしごをおりている。

男が水をごくごく飲む。 남자가 물을 벌컥벌컥 마신다.　男がガソリンタンクを満たしている。 남자가 기솔
린 탱크를 채우고 있다.　男が別の男を叩いている。 남자가 다른 남자를 때리고 있다.　男がテーブルの上に箱
をおいている。 남자가 테이블 위에 상자를 놓고 있다.　男がはしごを降りている。 남자가 사다리를 내려가고 있다.

おとこがぼうしをかぶって
いる。

ほんはすでにひらいている。

フォークはたべものをたべるのに
つかわれる。

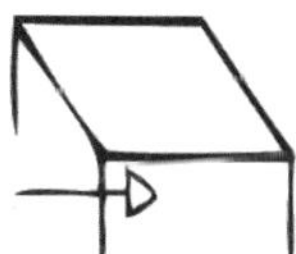

テーブルのしたにはなにもない。

100

ひゃくねんはいっせいきとよばれる。

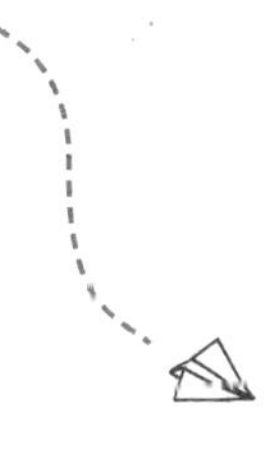

男が帽子を被っている。 남자가 모자를 쓰고 있다. 本はすでに開いている。 책은 이미 펼쳐져 있다.
フォークは食べ物を食べるのに使われる。 포크는 음식을 먹는 데 사용된다. テーブルの下には
何もない。 테이블 아래에는 아무것도 없다. 百年は一世紀と呼ばれる。 백년은 일 세기라 불린다.

step 20
START

01

おとこがほうきでゆかをはいて
いる。

02

おとこがはやくはしっている。

03

おとこがふうせんをふくらます。

04

おとこがしんぶんを
にぎりつぶしている。

05

おとこがテーブルにゴミをまく。

06

じょせいがくちをあける。

07

ぼうしはたいようのひかりを
ふせぐのにやくだつ。

08

これはおとこのしゃしんだ。

09

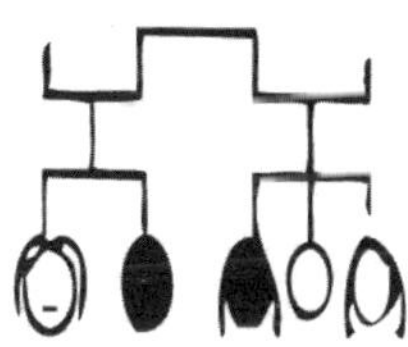

このおとこのことおんなのこは
いとこだ。

10

オレンジはあまくてすっぱい。

女性が口を開ける。 여성이 입을 벌린다. 帽子は太陽の光を防ぐのに役立つ。 모자는 태양빛을 막는 데 도움이 된다. これは男の写真だ。 이것은 남자 사진이다. この男の子と女の子はいとこだ。 이 남자아이와 여자아이는 사촌이다. オレンジは甘くてすっぱい。 오렌지는 달고 시다.

Lesson 7

step 21
START

おとこがしたをだしている。

おとこがべつのおとこを
たたいている。

ひとがみずでてをあらっている。

おとこがちいさいはこを
とじている。

おとこがでんわをうけている。

男が舌を出している。 남자가 혀를 내밀고 있다.　男が別の男を叩いている。 남자가 다른 남자를 때리고 있다.　人が水で手を洗っている。 사람이 물로 손을 씻고 있다.　男が小さい箱を閉じている。 남자가 작은 상자를 닫고 있다.　男が電話を受けている。 남자가 전화를 받고 있다.

 06

おとこがふかくいきをすって
いる。

 07

バスケットはからだ。

08

ナプキンはフォークのよこに
ある。

09

おとこもおんなもズボンをはく。

10

はしごはよりたかいところや
よりひくいところにいくために
つかわれる。

おとこ ふか いき す
男が深く息を吸っている。 남자가 깊이 숨을 들이쉬고 있다. から バスケットは空だ。 바구니는 비어 있다.

よこ おとこ おんな
ナプキンはフォークの横にある。 냅킨은 포크 옆에 있다. 男も女もズボンをはく。 남자도 여자도
たか ひく い つか
바지를 입는다. はしごはより高いところやより低いところに行くために使われる。 사다리는

보다 높은 곳이나 보다 낮은 곳에 가기 위해 사용된다

step 22
START

おとこがほんをよんでいる。

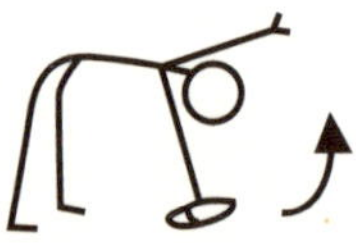

おとこがキュウリをひろって
いる。

おとこがテーブルからおりて
いる。

おとこがしゃしんをみせている。

おとこがかみをとかしている。

男が本を読んでいる。 남자가 책을 읽고 있다. 男がキュウリを拾っている。 남자가 오이를 줍고 있다.
男がテーブルから降りている。 남자가 테이블에서 내려오고 있다. 男が写真を見せている。 남자가
사진을 보여 주고 있다. 男が髪をとかしている。 남자가 머리를 빗고 있다.

おとこがいすのうえにたとうと
している。

ワインはブドウからつくられる。

クモはむしだ。

うまはかつてゆそうしゅだん
だった。

14

にがつじゅうよっかは
バレンタインデーだ。

おとこ いす うえ た
男が椅子の上に立とうとしている。 남자가 의자 위에 서려 하고 있다.　ワインはブドウから作ら
れる。 와인은 포도로 만들어진다.　クモは虫だ。 거미는 벌레다.　馬はかつて輸送手段だった。 말은 예
にがつじゅうよっか
전에 수송 수단이었다.　2月14日はバレンタインデーだ。2월 14일은 빌렌타인 데이나.

step 23
START

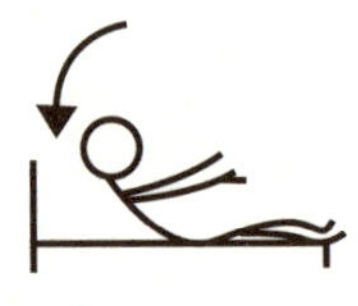

おとこがベッドのうえに
よこたわる。

おとこがぼうしをとっている。

おとこがはこのうしろに
かくれている。

おとこがアイスクリームコーンを
たべている。

おとこがいえのなかにあるいて
はいっている。

男がベッドの上に横たわる。 남자가 침대 위에 눕는다. 男が帽子を取っている。 남자가 모자를 벗고 있다.
男が箱の後ろに隠れている。 남자가 상자 뒤에 숨어 있다. 男がアイスクリームコーンを食べている。
남자가 아이스크림콘을 먹고 있다. 男が家の中に歩いて入っている。 남자가 집 안으로 걸어 들어가고 있다.

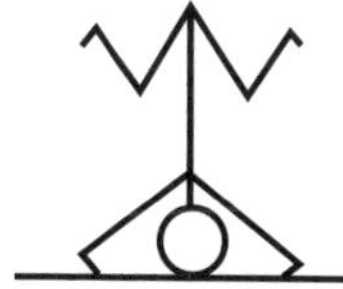

おとこがさかさにたっている。

キュウリはやさいのいっしゅだ。

みみはきくためにある。

09

15

バスケットボールでそれぞれの
クォーターはじゅうごふんだ。

10

ふうけいがはしゅういのしぜんを
かいたものだ。

おとこ さか た
男が逆さに立っている。 남자가 거꾸로 서 있다.　キュウリは野菜の一種だ。 오이는 야채의 일종이다.
みみ き
耳は聞くためにある。 귀는 듣기 위해 있다.　バスケットボールでそれぞれのクォーターは15分
だ。 농구에서 각 쿼터는 15분이다.　風景画は周囲の自然を描いたものだ。 풍경화는 주위의 자연을 그린 것이다.

step 24
START

おとこがおおごえでさけんで
いる。

おとこがまっすぐあるいている。

おとこがかみをきっている。

おとこがあしをあげる。

おとこがゴミばこにあしをいれる。

男が大声で叫んでいる。남자가 큰 소리로 외치고 있다. 男がまっすぐ歩いている。남자가 똑바로 걷고 있다. 男が紙を切っている。남자가 종이를 자르고 있다. 男が足を上げる。남자가 다리를 올린다.
男がゴミ箱に足を入れる。남자가 쓰레기통에 발을 넣는다.

06

おとこがあしをストレッチ
している。

07

じかんはきちょうだ。

08

おやゆびとこゆびはごほんのゆびの
なかでもっともちいさい。

09

じょせいがイヤリングをして
いる。

10

このおとこのこはおんなのこの
さょうだいだ。

step 25
START

おとこがふうせんをふくらます。

おんながりょううでを
こうささせている。

じょせいがくちをあける。

おとこがかみをとかしている。

おとこがぼうしをとっている。

おとこがぞうきんでまどを
ふいている。

パイナップルはねったいの
くだものだ。

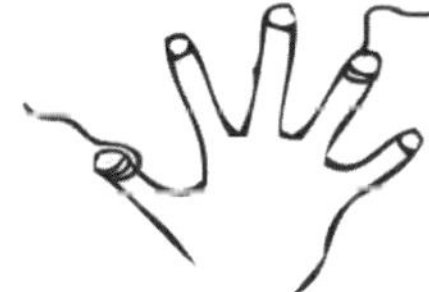

おやゆびとくすりゆびにいとが
むすばれている。

ちかごろはすべてのかていが
さいていでもいちだいのテレビを
もっている。

50

アメリカにはごじゅうの
しゅうがある。

男が雑巾で窓を拭いている。 남자가 걸레로 창문을 닦고 있다. パイナップルは熱帯の果物だ。 파인애플은 열대 과일이다. 親指と薬指に糸が結ばれている。 엄지와 약지에 실이 매여 있다. 近頃は全ての家庭が最低でも一台のテレビを持っている。 요즘은 모든 가정이 최소한 한 대의 텔레비전을 갖고 있다. アメリカには５０の州がある。 미국에는 50개의 주가 있다.

01

おとこがゴミばこにあしをいれる。

02

おとこがろうそくにひを
つけている。

03

おとこがでんわをうけている。

04

おとこがキュウリのにおいを
かいでいる。

05

おとこがテーブルのしたに
とじこめられている。

男がゴミ箱に足を入れる。남자가 쓰레기통에 발을 넣는다. 男がろうそくに火をつけている。남자가 초에 불을 켜고 있다. 男が電話を受けている。남자가 전화를 받고 있다. 男がキュウリのにおいを嗅いでいる。남자가 오이 냄새를 맡고 있다. 男がテーブルの下に閉じ込められている。남자가 테이블 아래에 갇혀 있다.

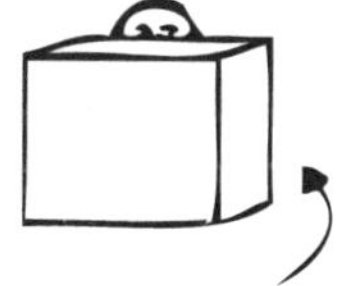

おとこがはこのうしろに
かくれている。

でんきゅうがついている。

としょかんはひとびとにほんを
かす。

これはボタンのついたシャツだ。

はさみはものをきるのにつかう。

男が箱の後ろに隠れている。 남자가 상자 뒤에 숨어 있다. 電球がついている。 전구가 켜져 있다
図書館は人々に本を貸す。 도서관은 사람들에게 책을 빌려 준다. これはボタンのついたシャツ
だ。 이것은 단추가 달린 셔츠이다. はさみは物を切るのに使う。 가위는 물건을 자르는 데 쓴다.

step 27
START

01

おとこがテーブルのうえにはこを
おいている。

02

おとこがゆびでかずをかぞえて
いる。

03

おとこがうたをくちぶえでふく。

04

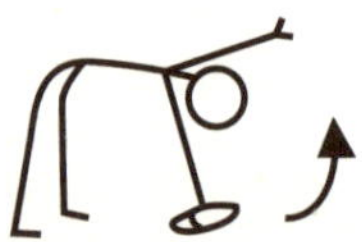

おとこがキュウリをひろって
いる。

05

おとこがはしごからおりている。

男がテーブルの上に箱を置いている。 남자가 테이블 위에 상자를 놓고 있다. 男が指で数を数えている。
남자가 손가락으로 숫자를 세고 있다. 男が歌を口笛で吹く。 남자가 노래를 휘파람으로 부른다. 男がキュウリ
を拾っている。 남자가 오이를 줍고 있다. 男がはしごから降りている。 남자가 사다리에서 내려오고 있다.

おとこがおおごえでさけんで
いる。

アイスクリームはあまい。

あなたのせなかをみせなさい。

ろうそくにひがつけられている。

18

アメリカではじゅうはっさいから
おとなとしてあつかわれる。

おとこ おおごえ さけ
男が大声で叫んでいる。 남자가 큰 소리로 외치고 있다.　アイスクリームは甘い。 아이스크림은 달다.
あま

せなか み
あなたの背中を見せなさい。 당신의 등을 보여 주세요.　ろうそくに火がつけられている。 초에 불이
ひ

じゅうはっさい おとな あつか
겨져 있다.　アメリカでは１８歳から大人として扱われる。 미국에서는 18세부터 어른으로 취급받는다.

step 28
START

カップルがキスをしている。

02

おとこがかいだんをのぼって
いる。

03

おとこがほうきでゆかをはいて
いる。

04

おとこがでんきゅうをつける。

05

おとこがしゃしんをみせている。

カップルがキスをしている。 커플이 키스를 하고 있다. 男が階段を上っている。 남자가 계단을 오르고 있다. 男がほうきで床を掃いている。 남자가 빗자루로 바닥을 쓸고 있다. 男が電球をつける。 남자가 전구를 켠다. 男が写真を見せている。 남자가 사진을 보여 주고 있다.

06 このじょせいはひだりめでウインクする。

07 えんぴつはひっきぐのひとつだ。

08 はさみはものをきるのにつかう。

09 いえはしめんがかべだ。

10 しりょくがわるいひとはめがねをつかう。

この女性は左目でウインクする。 이 여성은 왼쪽 눈으로 윙크한다. えんぴつは筆記具の一つだ。 연필은 필기구의 하나이다. はさみは物を切るのに使う。 가위는 물건을 자르는 데 쓴다. 家は四面が壁だ。 집은 사면이 벽이다. 視力が悪い人は眼鏡を使う。 시력이 나쁜 사람은 안경을 사용한다.

step 29
START

おとこがぼうしをかぶっている。

おとこががっこうにいって
いる。

おとこがガソリンタンクを
みたしている。

おとこがテーブルにいぬを
つないでいる。

おとこがぼうしをとっている。

男が帽子を被っている。 남자가 모자를 쓰고 있다. 男が学校に行っている。 남자가 학교에 가고 있다.
男がガソリンタンクを満たしている。 남자가 가솔린 탱크를 채우고 있다. 男がテーブルに犬をつないでいる。 남자가 테이블에 개를 묶고 있다. 男が帽子を取っている。 남자가 모자를 벗고 있다.

06

おとこがしたをだしている。

07

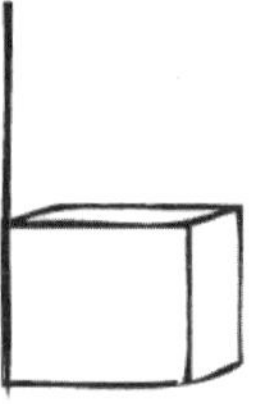

はこがかべにくっついている。

08

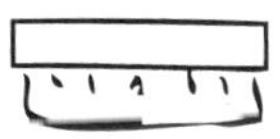

このこくばんふきは
こくばんようだ。

09

このおんなのこはこのおとこの
むすめだ。

10

スタンドがテーブルのうえに
ある。

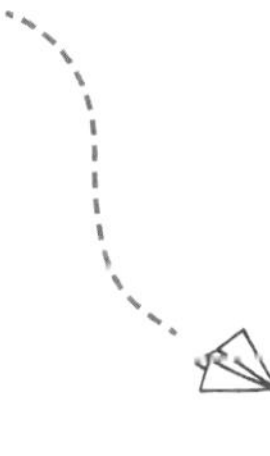

step 30
START

おとこがべつのおとこを
たたいている。

おとこがテーブルをおしている。

おとこがてをあげる。

おとこがなにかをてわたして
いる。

おとこがベッドによこたわる。

男が別の男を叩いている。남자가 다른 남자를 때리고 있다. 男がテーブルを押している。남자가 테이블을 밀고 있다. 男が手を上げる。남자가 손을 올린다. 男が何かを手渡している。남자가 뭔가를 건네고 있다. 男がベッドに横たわる。남자가 침대에 눕는다.

ふたりのおとこがあくしゅをして
いる。

ようナシはくだものの
いっしゅだ。

100

ひゃくねんはいっせいきと
よばれる。

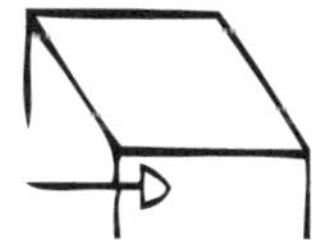

テーブルのしたにはなにもない。

おとこがほうきでゆかをはいている。

Go on to
the next Lesson!!

ふたり　おとこ　あくしゅ
２人の男が握手をしている。 두 명의 남자가 악수를 하고 있다. 洋ナシは果物の一種だ。 서양배는 과
よう　　　　　くだもの　いっしゅ

ひゃくねん　いっせいき　　よ
일의 일종이다. 百年は一世紀と呼ばれる。 백년은 일세기라 불린다. テーブルの下には何もない。 테
した　なに

おとこ　　　　　　　　ゆか　は
이블 아래에는 아무것도 없다. 男がほうきで床を掃いている。 남자가 빗자루로 바닥을 쓸고 있다.

Lesson 8

step 31
START

おとこがうたをくちぶえでふく。

ふたりのおとこがあくしゅをしている。

おとこがほんをよんでいる。

おとこがいすのうえにたとうとしている。

おとこがまっすぐあるいている。

06

おとこがしんぶんを
にぎりつぶしている。

07

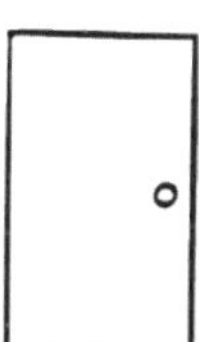

ドアがしまっている。

08

あなたのせなかをみせなさい。

09

いすとつくえがひとつになって
いる。

10

40

「アリババとよんじゅうにんのとう
ぞく」はせかいでとてもゆうめいな
アラビアのどうわだ。

おとこ　しんぶん　にぎ
男が新聞を握りつぶしている。 남자가 신문을 꼭 쥐고 있다.　ドアが閉っている。 문이 닫혀 있다.
せなか　み
あなたの背中を見せなさい。 당신의 등을 보여 주세요.　椅子と机が一つになっている。 의자의 책
상이 하나로 되어 있다.　「アリババと40人の盗賊」は世界でとても有名なアラビアの童話
だ。「알리바바와 40인의 도적」은 세계에서 매우 유명한 아라비아 동화이다.

START

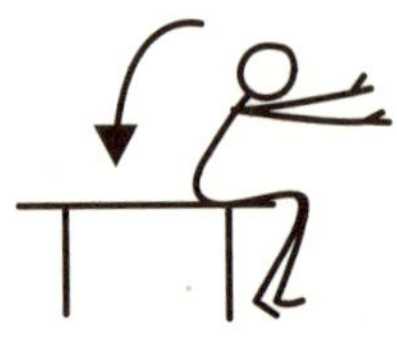

01

おとこがテーブルのうえに
すわる。

02

おとこがぼうしをかぶっている。

03

おとことおんながダンスを
している。

04

おとこがゴミばこにあしをいれる。

05

おとこがほうきでゆかをはいて
いる。

男がテーブルの上に座る。 남자가 테이블 위에 앉는다. 男が帽子を被っている。 남자가 모자를 쓰고 있다. 男と女がダンスをしている。 남자와 여자가 춤을 추고 있다. 男がゴミ箱に足を入れる。 남자가 쓰레기통에 발을 넣는다. 男がほうきで床を掃いている。 남자가 빗자루로 바닥을 쓸고 있다.

おとこがガソリンタンクを
みたしている。

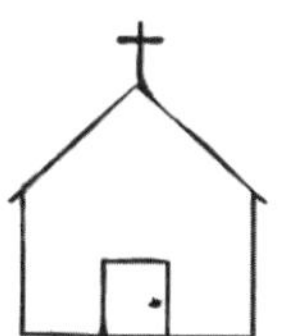

クリスチャンはにちようびごとに
きょうかいにいく。

08

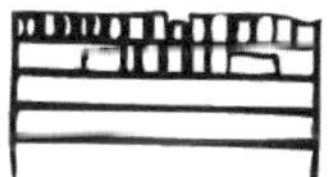

ほんがほんだなにせいりされて
いる。

09

はやくおきるとりがむしを
つかまえる。

10

はさみはものをきるのにつかう。

step 33

START

おとこがおおごえでさけんで
いる。

おとこがテーブルのうえにはこを
おいている。

おとこがしたをだしている。

おとこがテーブルのしたに
とじこめられている。

おとこがテーブルにいぬを
つないでいる。

男が大声で叫んでいる。 남자가 큰 소리로 외치고 있다. 男がテーブルの上に箱を置いている。 남자가 테이블 위에 상자를 두고 있다. 男が舌を出している。 남자가 혀를 내밀고 있다. 男がテーブルの下に閉じ込められている。 남자가 테이블 아래에 갇혀 있다. 男がテーブルに犬をつないでいる。 남자가 테이블에 개를 묶고 있다.

おとこがでんわをうけて
いる。

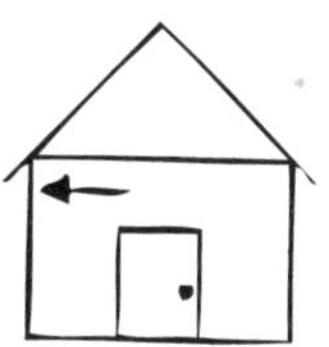

いえはしめんがかべだ。

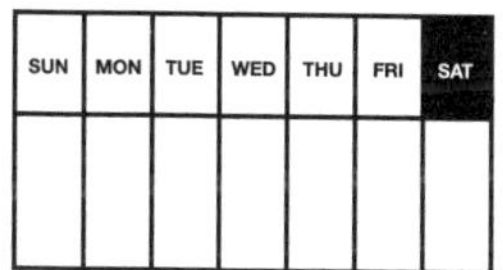

すべてのひとはどようびを
たのしみにまつ。

ゴミばこはいえのそとにおく。

かいちゅうでんとうは
りいたいぐきる。

Go on to
the next step!!

男が電話を受けている。 남자가 전화를 받고 있다. 家は四面が壁だ。 집은 사면이 벽이다. 全ての
人は土曜日を楽しみに待つ。 모든 사람은 토요일을 고대한다. ゴミ箱は家の外に置く。 쓰레기통은
집 밖에 둔다. 懐中電灯は携帯できる。 손전등은 휴대할 수 있다.

START

かれはいすのまわりをいったり
きたりしている。

おとこがテーブルをおしている。

おとこがあしをストレッチ
している。

おとこがはくしゅしている。

おとこがべつのおとこを
たたいている。

彼は椅子の周りを行ったり来たりしている。 그는 의자 주위를 왔다 갔다 하고 있다.　男がテーブルを押している。 남자가 테이블을 밀고 있다.　男が脚をストレッチしている。 남자가 다리를 스트레칭하고 있다.　男が拍手している。 남자가 박수치고 있다.　男が別の男を叩いている。 남자가 다른 남자를 때리고 있다.

おとこがおんなのかみを
ひっぱっている。

いぬはもっともにんきのある
ペットだ。

90

ちょっかくはきゅうじゅうどだ。

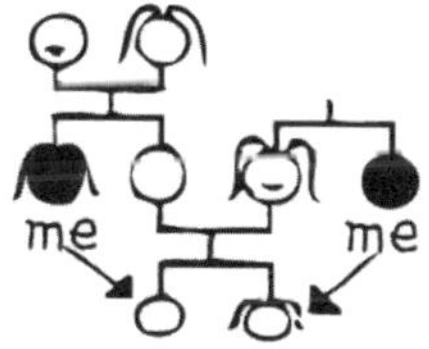

このおんなとおとこはおとこの
ことおんなのこのおばとおじだ。

じょせいがイヤリングをしている。

男が女の髪を引っ張っている。 남자가 여자의 머리를 잡아당기고 있다. 犬は最も人気のあるペットだ。 개는 가장 인기 있는 애완동물이다. 直角は９０度だ。 직각은 90도이다. この女と男は男の子と女の子のおばとおじだ。 이 여자와 남자는 남자아이와 여자아이의 고모와 삼촌이다. 女性がイヤリングをしている。 여성이 귀고리를 하고 있다.

step 35
START

おとこがちいさいいすを
もちあげている。

おとこがなにかをとめている。

おとこがひざまずいている。

おとこがでんきゅうをけす。

おとこがかみをとかしている。

男が小さい椅子を持ち上げている。 남자가 작은 의자를 들어 올리고 있다. 男が何かを止めている。 남자가 뭔가를 멈춰 세우고 있다. 男が跪いている。 남자가 무릎 꿇고 있다. 男が電球を消す。 남자가 전구를 끈다. 男が髪をとかしている。 남자가 머리를 빗고 있다.

06

おとこがほんをよんでいる。

07

ボトルはリサイクルできる。

08

かおにはくち、はな、めがある。

09

しりょくがわるいひとは
めがねをつかう。

10

60

いちじかんはろくじゅっぷん、
いっぷんはろくじゅうびょうだ。

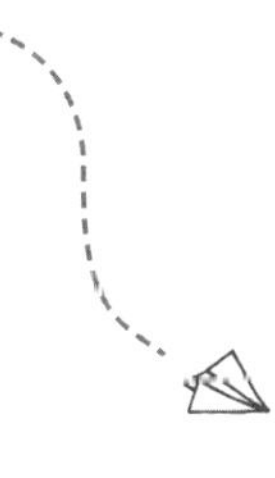

男が本を読んでいる。 남자가 책을 읽고 있다. ボトルはリサイクルできる。 병은 재활용할 수 있다.

顔には口、鼻、目がある。 얼굴에는 입, 코, 눈이 있다. 視力が悪い人は眼鏡を使う。 시력이 나쁜

사람은 안경을 사용한다. 一時間は６０分、1分は６０秒だ。 1시간은 60분, 1분은 60초이다.

step 36
START

おとこはキュウリをひろって
いる。

02

おとこがべつのおとこを
たたいている。

03

おとこがいえのそとに
あるいてでていっている。

04

おとこがりょううでを
あげている。

05

おとこがしゃしんをみせている。

男はキュウリを拾っている。남자는 오이를 줍고 있다. 男が別の男を叩いている。남자가 다른 남자를 때리고 있다. 男が家の外に歩いて出て行っている。남자가 집 밖으로 걸어 나가고 있다. 男が両腕を上げている。남자가 양팔을 올리고 있다. 男が写真を見せている。남자가 사진을 보여 주고 있다.

おとこがグラスにみずを
そそいでいる。

トウガラシは
おおくのたべものに
スパイスとしてつかわれている。

ウサギはとてもはやい。

11

サッカーではそれぞれのチームの
じゅういちにんのプレイヤーが
フィールドでしあいをする。

キーはドアをあける。

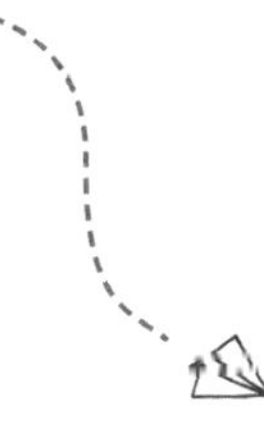

おとこ　　　　　　　　みず　そそ
男がグラスに水を注いでいる。 남자가 유리잔에 물을 붓고 있다. トウガラシは多くの食べ物にス
　　　　　つか
パイスとして使われている。 고추는 많은 음식에 향신료로 사용되고 있다. ウサギはとても速い。
토끼는 매우 빠르다. サッカーではそれぞれのチームの11人のプレイヤーがフィールドで試
い
合をする。 축구에서는 각 팀 선수 11명이 필드에서 시합을 한다. キーはドアを開ける。 열쇠는 문을 연다.

step 37

START

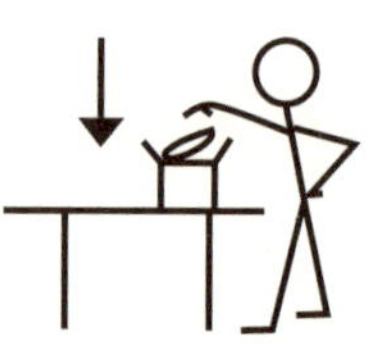

おとこがキュウリをはこのなかに
いれている。

おとこがグラスにみずを
そそいでいる。

おとこがべつのおとこを
たたいている。

おとこがテーブルにはこを
おいている。

カップルがキスをしている。

男がキュウリを箱の中に入れている。남자가 오이를 상자에 넣고 있다. 男がグラスに水を注いでいる。
남자가 유리잔에 물을 붓고 있다. 男が別の男を叩いている。남자가 다른 남자를 때리고 있다. 男がテーブルに
箱を置いている。남자가 테이블에 상자를 놓고 있다. カップルがキスをしている。커플이 키스를 하고 있다.

06

おとこがしんぶんを
にぎりつぶしている。

07

おんなのこはドレスをきる。

08

15

バスケットボールでそれぞれの
クォーターはじゅうごふんだ。

09

けっこんゆびわはひだりての
くすりゆびにする。

10

リスはとてもちいさくてすばやい。

おとこ しんぶん にぎ
男が新聞を握りつぶしている。 남자가 신문을 꼭 쥐고 있다. おんな こ き 女の子はドレスを着る。 여자아이는

드레스를 입는다. バスケットボールでそれぞれのクォーターは じゅうごふん 15分だ。 농구에서 각자의 쿼터는

15분이다. けっこんゆびわ ひだりて くすりゆび 結婚指輪は左手の薬指にする。 결혼반지는 왼손 약지에 낀다. ちい リスはとても小さくて

すばや 素早い。 다람쥐는 아주 작고 재빠르다.

step 38
START

01

おとこがみみをかいている。

02

おとこがしたをだしている。

03

おとこがほんをよんでいる。

04

おとこがふうせんをふくらます。

05

おとこがひげをそっている。

おとこがはしごをおりている。

このおんなのこはこのおんなの
まごむすめだ。

ワインはブドウからつくられる。

19

じゅうきゅうせいきに
さんぎょうかくめいがおこった。

つくえのうえにでんわとラジオと
しゃしんがある。

男がはしごを降りている。남자가 사다리를 내려가고 있다. この女の子はこの女の孫娘だ。이 여
자아이는 이 여자의 손녀이다. ワインはブドウから作られる。와인은 포도로 만들어진다. 19世紀に
産業革命が起った。19세기에 산업혁명이 일어났다. 机の上に電話とラジオと写真がある。책상 위
에 전화기와 라디오와 사진이 있다.

step 39
START

01

おとこがあしをストレッチ
している。

02

おとこがおんなをもちあげて
いる。

03

おとこがガソリンタンクを
みたしている。

04

おとこがろうそくにひを
つけている。

05

おとこがこどもにてを
さしのべている。

男が脚をストレッチしている。남자가 다리를 스트레칭하고 있다. 男が女を持ち上げている。남자가 여자를 들어 올리고 있다. 男がガソリンタンクを満たしている。남자가 가솔린 탱크를 채우고 있다. 男がろうそくに火をつけている。남자가 초에 불을 켜고 있다. 男が子供に手を差し伸べている。남자가 아이에게 손을 내밀고 있다.

おとこがゆかでねている。

かがみはひかりをはんしゃする
のでわたしたちはじぶんじしんを
みることができる。

08

くるまはせかいでもっとも
いっぱんてきなゆそうしゅだんだ。

09

うまはかつてゆそうしゅだん
だった。

10

50

アメリカにはごじゅうの
しゅうがある。

男が床で寝ている。 남자가 바닥에서 자고 있다. 鏡は光を反射するので私たちは自分自身を見ることができる。 거울은 빛을 반사하기 때문에 우리는 자기 자신을 볼 수 있다 車は世界で最も一般的な輸送手段だ。 자동차는 세상에서 가장 일반적인 수송 수단이다. 馬はかつて輸送手段だった。 말은 예전에 수송 수단이었다. アメリカには５０の州がある。 미국에는 50개의 주가 있다.

step 40
START

おとこがぞうきんでまどを
ふいている。

おとこがテーブルにゴミをまく。

おとこがしゃしんをみせている。

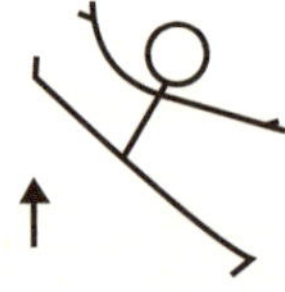

おとこがあしをあげている。

おとこがかいだんをのぼって
いる。

男が雑巾で窓を拭いている。남자가 걸레로 창문을 닦고 있다.　男がテーブルにゴミをまく。남자가 테이블에 쓰레기를 붓는다.　男が写真を見せている。남자가 사진을 보여 주고 있다.　男が足を上げている。남자가 다리를 올리고 있다.　男が階段を上っている。남자가 계단을 오르고 있다.

おんながくちをあける。

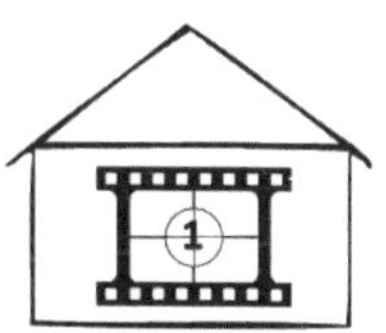

えいがかんではえいがをみせる。

12

いちねんはじゅうにかげつだ。

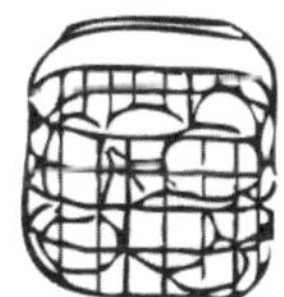

バスケットのなかに
たまごがある。

スタンドがテーブルのうえに
ある。

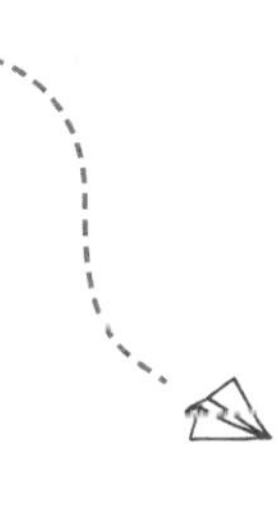

女が口を開ける。 여자가 입을 벌린다.　映画館では映画を見せる。 영화관에서는 영화를 보여 준다.

１年は１２ヶ月だ。 1년은 12개월이다.　バスケットの中に卵がある。 바구니 안에 달걀이 있다　スタ

ンドがテーブルの上にある。 스탠드가 테이블 위에 있다

step 41
START

おとこがべつのおとこを
たたいている。

おとこがテーブルのしたに
とじこめられている。

おとこがはしごをおりている。

おとこがみずをごくごくのむ。

ふたりのおとこがハイタッチを
している。

男が別の男を叩いている。 남자가 다른 남자를 때리고 있다. 男がテーブルの下に閉じ込められている。 남자가 테이블 아래에 갇혀 있다. 男がはしごを降りている。 남자가 사다리를 내려가고 있다. 男が水をごくごく飲む。 남자가 물을 벌컥벌컥 마신다. 二人の男がハイタッチをしている。 두 명의 남자가 하이파이브를 하고 있다.

06

おとこがベッドのうえに
よこたわる。

07

70

にんげんのからだのななじゅっ
パーセントはみずで
こうせいされている。

08

かさはあめのひにつかわれる。

09

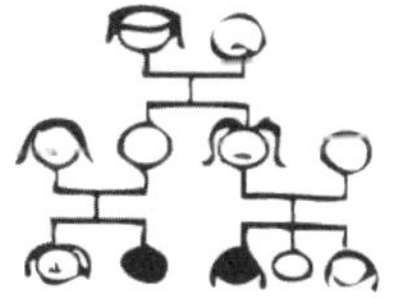

このおとこのことおんなのこは
いとこだ。

10

はしごはよりたかいところや
よりひくいところにいくために
つかわれる。

男がベッドの上に横たわる。남자가 침대 위에 눕는다.　人間の体の７０パーセントは水で構成
されている。인간 몸의 70퍼센트는 물로 구성되어 있다.　傘は雨の日に使われる。우산은 비오는 날에 사
용된다.　この男の子と女の子はいとこだ。이 남자아이와 여자아이는 사촌이다.　はしごはより高いと
ころやより低いところに行くために使われる。사다리는 보다 높은 곳이나 낮은 곳에 가기 위해 사용된다.

step 42
START

おとこがなにかをてわたして
いる。

おとこがアイスクリームを
たべている。

おとこがはくしゅをしている。

おんなはりょううでを
ひろげている。

ひとがてをみずであらっている。

おんながダンスしている。

じょしトイレは
じょせいせんようだ。

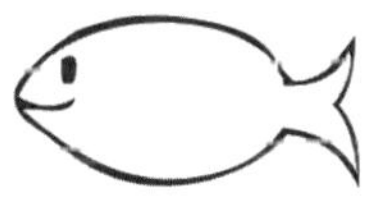

さかなはみずのなかでいきる。

いすとつくえがひとつになって
いる。

11

サッカーではそれぞれのチームの
じゅういちにんのプレイヤーが
フィールドでしあいをする。

おんな
女がダンスしている。 여자가 춤추고 있다.　じょし
女子トイレは女性専用だ。 여자 화장실은 여성 전용이다.

さかな みず なか い
魚は水の中で生きる。 물고기는 물속에 산다.　いす つくえ ひと
椅子と机が一つになっている。 의자와 책상이 하나로

되어 있다.　サッカーではそれぞれのチームの11人のプレイヤーがフィールドで試合をす

る。 축구에서는 각 팀의 선수 11명이 필드에서 시합은 한다.

세상에서 제일 쉬운
일본어 책 ♪

CHAPTER

3

Lesson 1 - 4   Dictation sheets 1

Lesson 1

step 01
START

おとこがいすを ＿＿＿＿＿＿＿＿＿＿。

おとこが ＿＿＿＿＿＿＿＿＿＿＿＿。

ひとが ＿＿＿＿＿＿＿＿＿＿＿＿＿。

おんなが ＿＿＿＿＿＿ にじぶんの
＿＿＿＿＿ をかいている。

おとこが ＿＿＿＿＿＿＿＿ はこを
おいている。

06

_______________________ がある。

07

ペンのさきが _______________________。

08

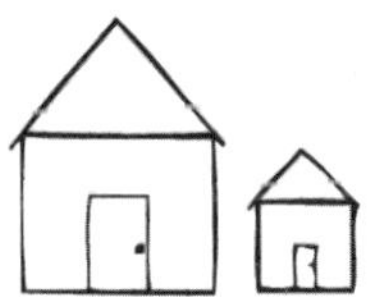

いえが _______________________ ある。

09

ふたつの _______________________
スペースがある。

10

_______________________ よっつのへんが
ある。

step 02
START

おとこがなにかのにおいを
＿＿＿＿＿＿＿＿＿＿＿＿。

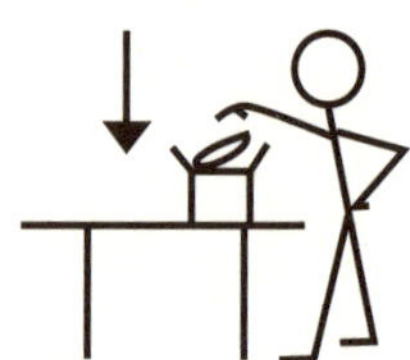

おとこがなにかを＿＿＿＿＿＿
おとす。

＿＿＿＿＿＿たちあがっている。

ひとがテーブルからなにかを
＿＿＿＿＿＿＿＿＿。

おとこが＿＿＿＿＿＿＿＿＿。

06

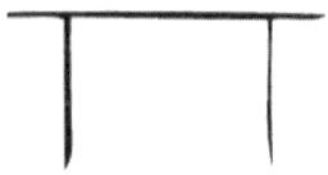

テーブルが……………………。

07

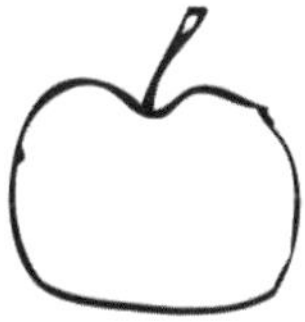

リンゴは……………………。

08

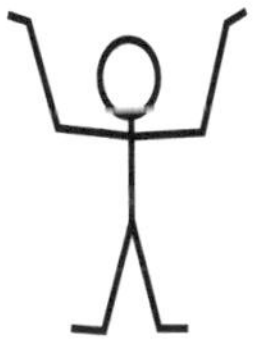

おとこが……………………
ささえている。

09

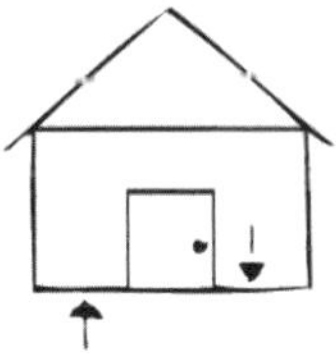

ひとびとがいえを……………………
……………………する。

10

テーブルのうしろには……………………。

Go on to
the next step!!

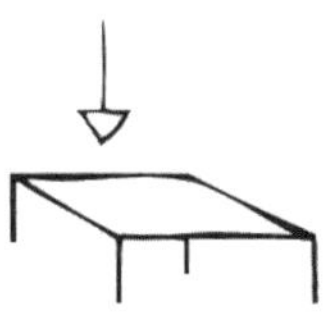

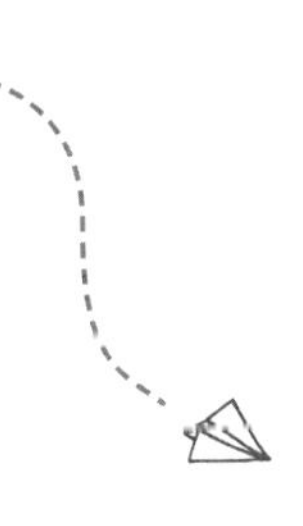

step 03
START

01

ひとが＿＿＿＿＿＿＿＿＿をつける。

02

ひとが＿＿＿＿＿＿＿かくれている。

03

おとこがでんきゅうを＿＿＿＿＿＿＿。

04

おとこが＿＿＿＿＿している。

05

せんせいがこくばんにいえを＿＿＿＿＿＿＿。

06

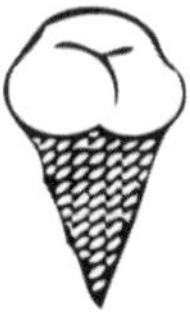

________がある。

07

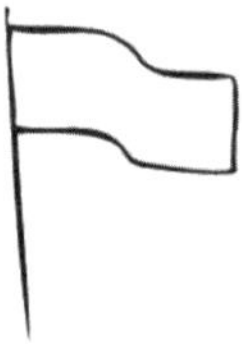

はたが________。

08

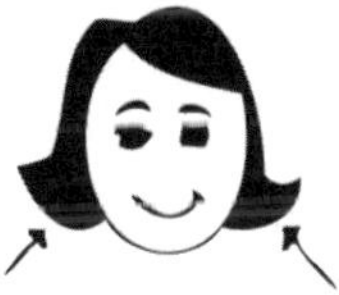

かのじょのかみは________
ある。

09

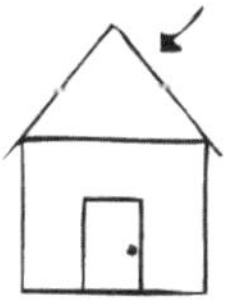

________とがっている。

10

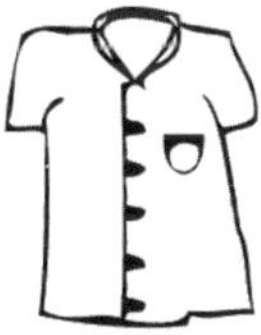

ボタンのついた________。

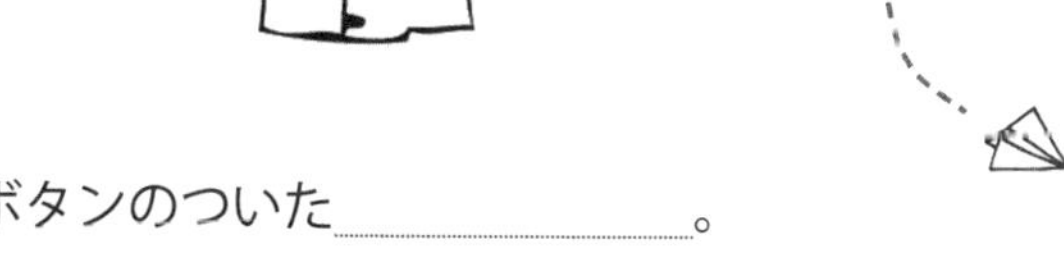

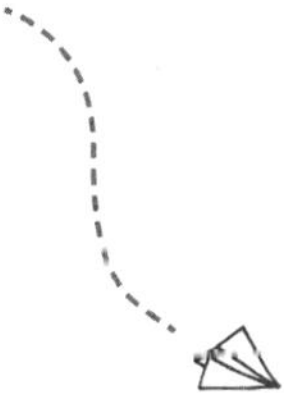

Go on to
the next step!!

START

おとこがあたまに ＿＿＿＿＿＿＿＿＿。

ひとが ＿＿＿＿＿＿＿＿＿ おりて
いる。

おとこがはこを ＿＿＿＿＿ いる。

おとこが ＿＿＿＿＿＿＿ かぞえて
いる。

ひとが ＿＿＿＿＿＿＿＿＿。

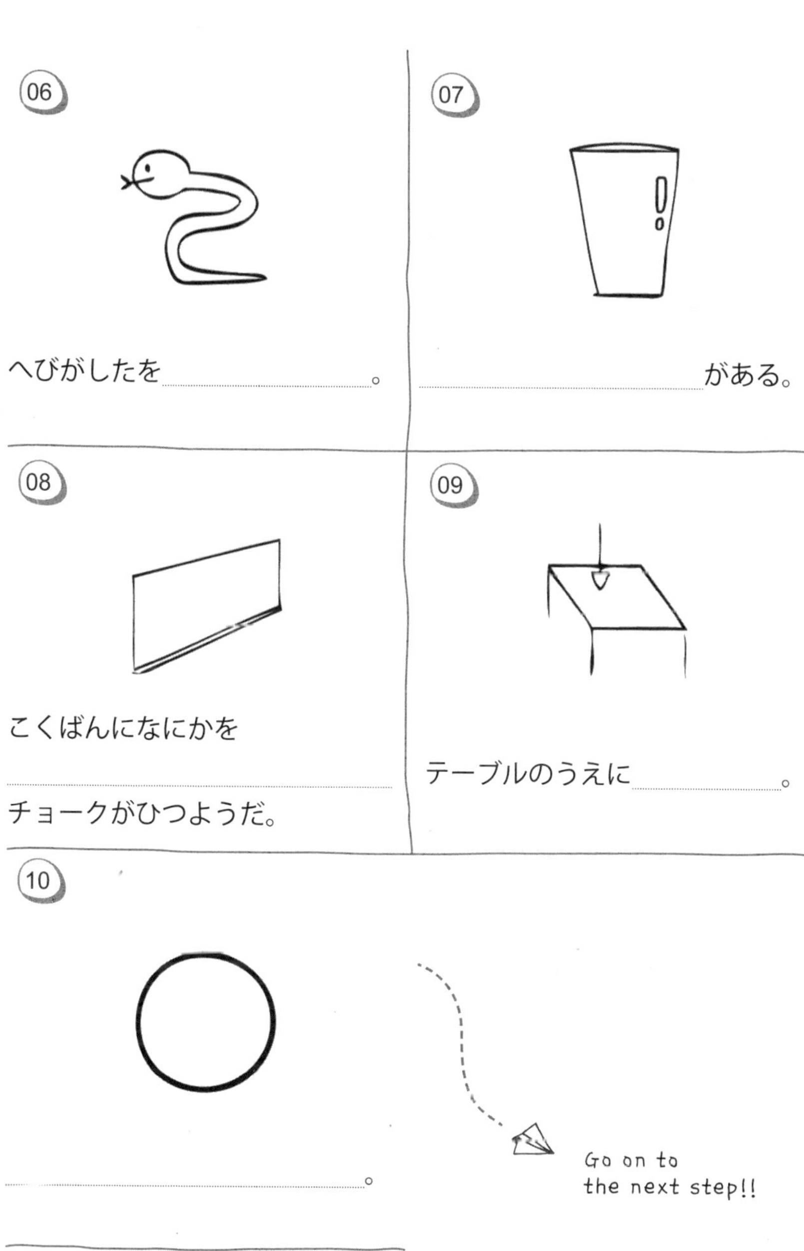

06
へびがしたを　　　　　　　　　。

07
　　　　　　　　　がある。

08
こくばんになにかを
チョークがひつようだ。

09
テーブルのうえに　　　　　　。

10
　　　　　　　　　。

Go on to
the next step!!

step 05
START

かれは＿＿＿＿＿＿＿＿＿＿＿　いったり
きたりしている。

かれは＿＿＿＿＿＿＿＿＿＿＿＿＿＿＿＿
すてている。

かれは＿＿＿＿＿＿＿＿＿＿　てを
ふっている。

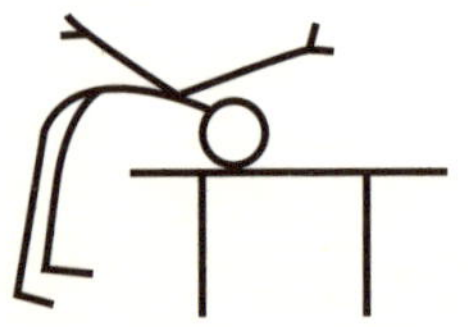

かれはテーブルを＿＿＿＿＿＿＿。

おんなが＿＿＿＿＿＿＿＿＿＿＿＿。

オレンジは＿＿＿＿＿＿＿＿
なかのひとつだ。

ひとがおかねをあずけるばしょは
＿＿＿＿＿＿＿＿＿。

＿＿＿＿＿＿＿＿ごほんの
ゆびがある。

この＿＿＿＿＿＿＿はからだ。

うちゅうには＿＿＿＿＿＿＿
ほどのほしがある。

step 06
START

せんせいが＿＿＿＿＿＿＿＿＿を
こくばんにかいた。

かれは＿＿＿＿＿＿＿＿＿。

おとこが＿＿＿＿＿＿＿＿＿。

おとこが＿＿＿＿＿＿なにかを
とりだす。

おとこがドアを＿＿＿＿＿＿＿。

06

くつが ＿＿＿＿＿＿＿＿＿＿＿＿＿。

07

＿＿＿＿＿＿＿＿くちをあけている。

08

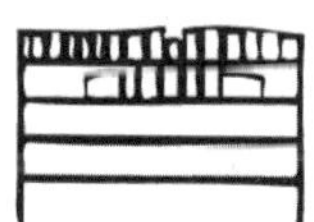

ほんだなに ＿＿＿＿＿＿＿＿＿
ある。

09

イチゴはいろいろな ＿＿＿＿＿＿
＿＿＿＿＿＿＿＿＿＿＿＿＿。

10

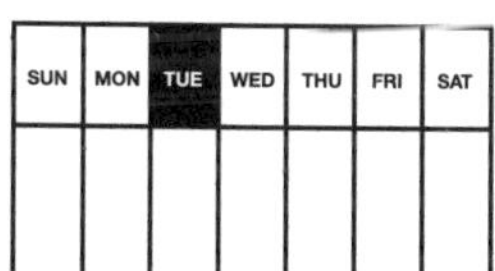

＿＿＿＿＿＿＿＿のかようびに
しるしがつけられている。

01

おとこがじめん＿＿＿＿＿＿＿＿＿。

02

おとこがあたまのうえでなにかを

＿＿＿＿＿＿＿＿＿。

03

おとこが＿＿＿＿＿＿＿＿＿。

04

ひとがテーブルから＿＿＿＿＿＿

＿＿＿＿＿＿＿＿＿。

05

おとこがともだちにてを

＿＿＿＿＿＿＿＿＿。

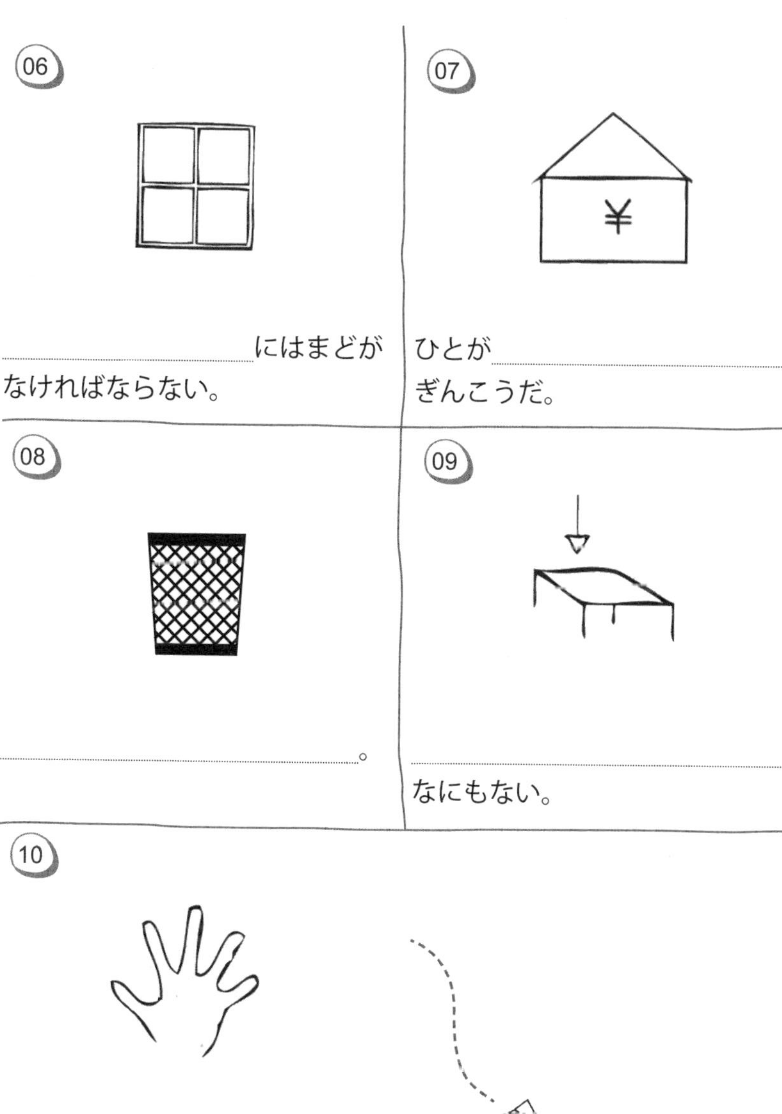

06

______________にはまどが
なければならない。

07

ひと が_______________
ぎんこうだ。

08

_______________________。

09

____
なにもない。

10

それぞれのてには_______________
　　　　がある。

START

01

おとこが＿＿＿＿＿＿＿＿＿＿＿＿＿＿＿。

02

ひとが＿＿＿＿＿＿＿＿＿＿＿＿＿＿。

03

かれはいすのまわりを＿＿＿＿＿＿
＿＿＿＿＿＿＿＿＿＿している。

04

ひとが＿＿＿＿＿＿＿＿＿つける。

05

おとこがいきを＿＿＿＿＿＿
いる。

＿＿＿＿＿＿＿にちようびごとに
きょうかいにいく。

このテーブルはあしが
＿＿＿＿＿＿＿＿＿＿＿＿＿＿＿＿。

でんきゅうが＿＿＿＿＿＿＿＿。

＿＿＿＿＿＿＿＿このおとこの
むすめだ。

さかなは＿＿＿＿＿＿＿いきる。

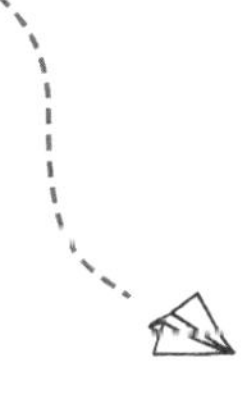

かれは ___________________。

おとこが ___________________。

おとこがでんきゅうを ___________________
___________________。

ひとがいえのなかにあるいて
___________________。

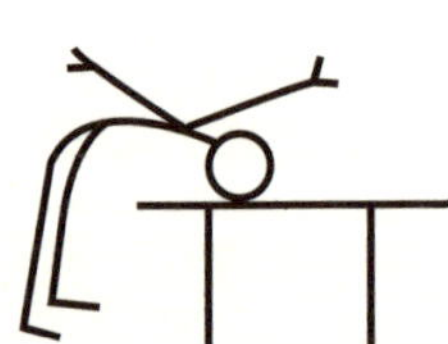

おとこがあたまで ___________________
___________________。

ドアが　　　　　　　　　　　　　　　。

リンゴは　　　　　　　　　　　　　　　。

このおとこは　　　　　　　　　　　
もっている。

　　　　　　　　　　　　　はちいさくて
かたい。

7

すうじのななはこううんのすうじと
　　　　　　　　　　　　　　　。

step 10
START

01

おんながこくばんになまえを

＿＿＿＿＿＿＿＿＿＿＿＿＿＿＿。

02

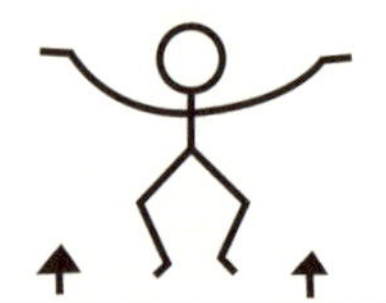

＿＿＿＿＿＿＿＿＿＿＿＿＿＿＿。

03

おとこがはこのなかに

＿＿＿＿＿＿＿＿＿＿＿＿＿＿＿。

04

＿＿＿＿＿＿＿＿＿＿＿＿＿＿＿。

05

おとこがゴミばこのなかに

＿＿＿＿＿＿＿＿＿＿＿＿＿＿＿。

ほんが ＿＿＿＿＿＿＿＿＿＿＿。

＿＿＿＿＿＿＿＿＿＿＿ やさいのなかの
ひとつだ。

トウガラシは
＿＿＿＿＿＿＿＿＿＿＿
スパイスにつかわれる。

いすとつくえが ＿＿＿＿＿＿
いる。

＿＿＿＿＿＿＿＿ でんわとラジオと
しゃしんがある。

Lesson 2

step 11
START

おとこがあたまに＿＿＿＿＿＿＿＿＿。

おとこがいすを＿＿＿＿＿＿＿＿。

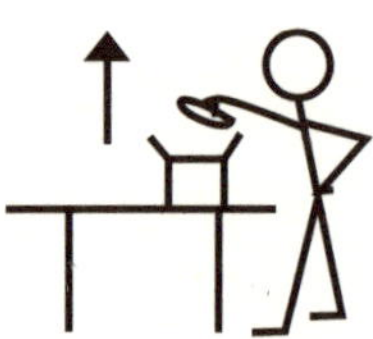

おとこがはこからなにかを＿＿＿＿＿＿＿＿＿＿。

せんせいは＿＿＿＿＿＿＿＿＿＿
かいている。

おとこがおんなと＿＿＿＿＿＿＿＿
＿＿＿＿＿＿いる。

＿＿＿＿＿＿＿＿ はねったいの
くだものだ。

ひとはがっこうにいかなければ
＿＿＿＿＿＿＿＿＿＿＿＿＿。

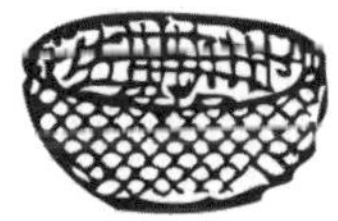

このバスケットは ＿＿＿＿＿＿。

このおとこのこは ＿＿＿＿＿＿
いる。

10

＿＿＿＿＿＿＿＿ じゅっしんほうを
つかう。

step 12
START

おとこがたち　　　　　　　　。

おとこがかみを　　　　　　　。

おとこがだれかを　　　　　　　。

おとこが　　　　　　　　　　。

おとこが　　　　　　　
いる。

ねこは＿＿＿＿＿＿＿ペットだ。

＿＿＿＿＿はたべものをうる。

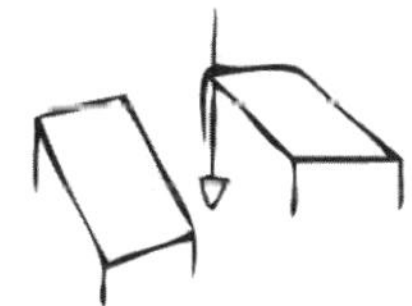

＿＿＿＿＿＿のあいだに
スペースがある。

おとこがあたまのうえでなにかを
＿＿＿＿＿＿＿＿＿＿＿。

ひとは＿＿＿＿＿＿＿であつい
のみものをのむ。

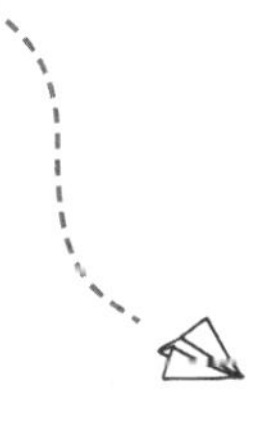

step 13
START

おとこがみみを ....。

おとこが ....
いる。

かれは ....。

........................。

おとこが ....。

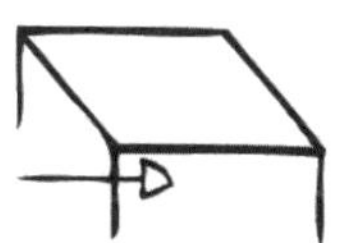

06

テーブルのしたには ＿＿＿＿＿。

07

＿＿＿＿＿ははながおおきい。

08

くつが ＿＿＿＿＿ ある。

09

＿＿＿＿＿。

10

おやゆびとこゆびはごほんのゆび
のなかで ＿＿＿＿＿。

かれはともだちにてを
＿＿＿＿＿＿＿＿＿＿＿＿＿＿＿＿＿＿。

おとこが ＿＿＿＿＿＿＿＿＿＿＿。

おとこがはこからなにかを
＿＿＿＿＿＿＿＿＿＿＿＿＿＿＿＿＿。

おとこがテーブルを ＿＿＿＿＿＿＿。

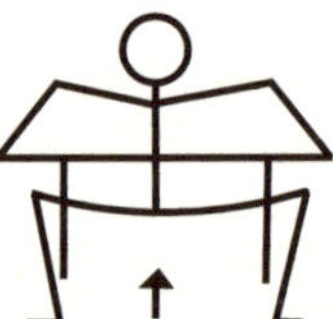

おとこがテーブルを ＿＿＿＿＿＿＿
＿＿＿＿＿＿＿＿＿＿＿＿＿＿＿＿＿。

06

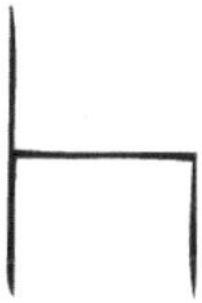

_____________________。

07

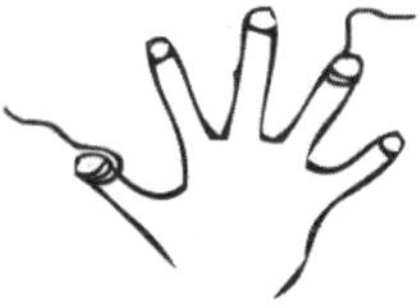

おやゆびとくすりゆびにいとが

_____________________。

08

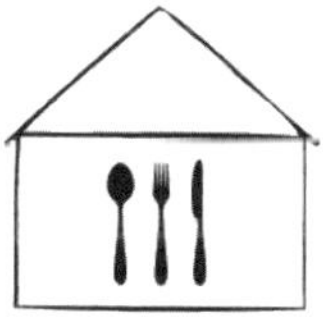

レストランでは _____________。

09

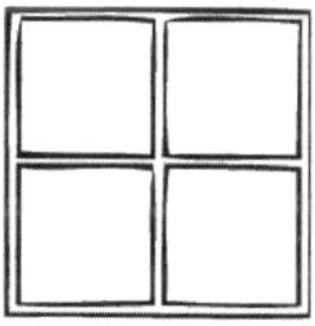

_____________ まどが
なければならない。

10

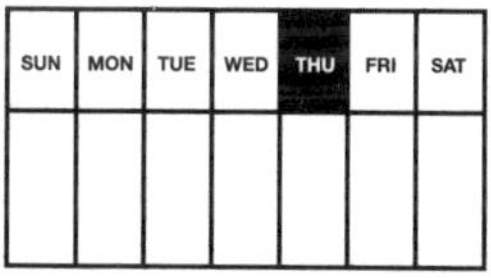

SUN	MON	TUE	WED	THU	FRI	SAT

にっていひょうのもくようびに
しるしが _____________。

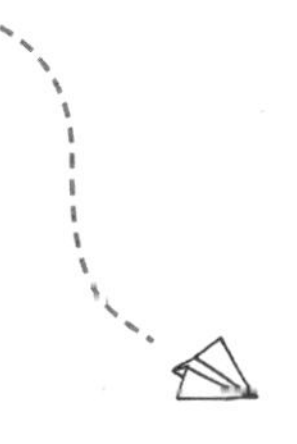

START

おとこがテーブルを

おとこがなにかを

おとこががっこうに

ひとが

06

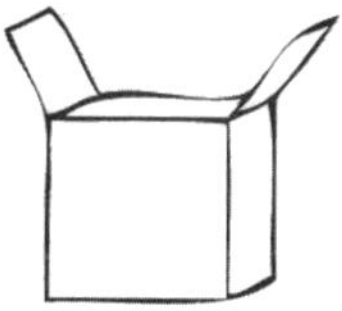

________________。

07

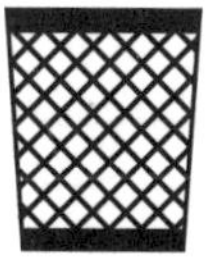

________________。

08

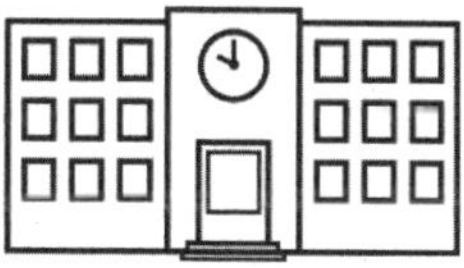

ひとはがっこうに________
ならない。

09

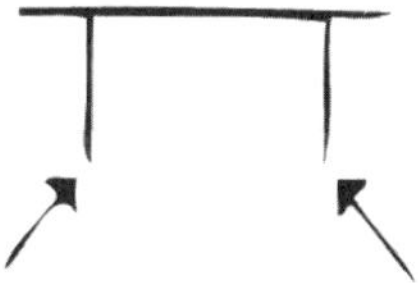

このテーブルはあしが
________________。

10

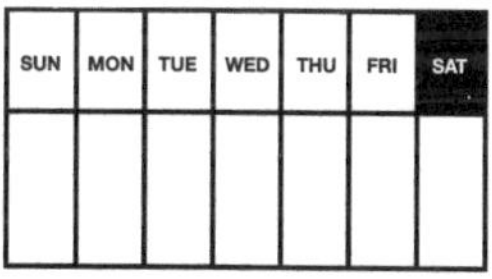
SUN
MON
TUE
WED
THU
FRI
SAT

________はどようびを
たのしみにまつ。

Go on to
the next step!!

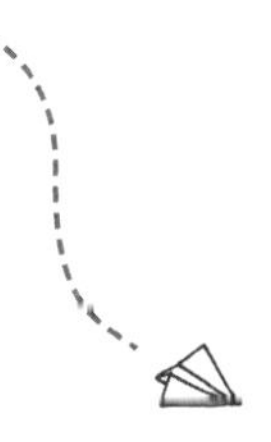

step 16
START

ひとが

とっている。

。

かれはあたまのうえでなにかを

。

。

おとこはつまさきを

。

______ がある。

______ はとがっている。

イチゴはいろいろなくだものの

______。

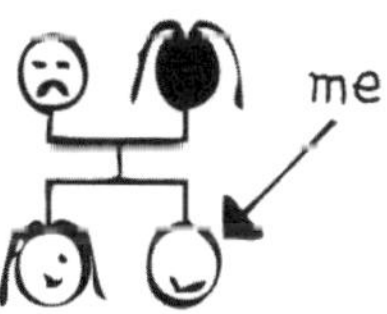

このおんなはおとこのこの

______。

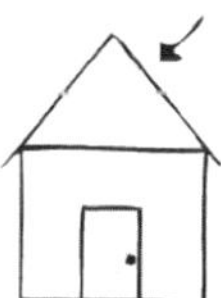

このいえのやねは ______。

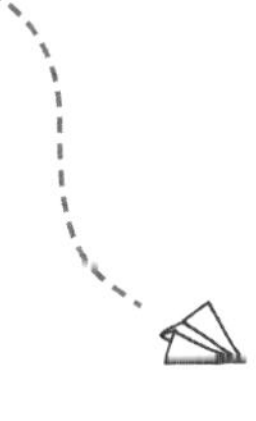

step 17
START

せんせいは
かいている。

。

おんなが

。

おとこが
いる。

ふたりのおとこが
いる。

ぼうしは＿＿＿＿＿＿＿＿＿＿を
ふせぐのにやくだつ。

＿＿＿＿＿＿＿＿＿はとがっている。

ようナシはくだものの
＿＿＿＿＿＿＿＿＿＿＿＿＿。

へびがしたを＿＿＿＿＿＿＿＿＿。

4

かんこくですうじのしはうんが
わるいと＿＿＿＿＿＿＿＿＿＿＿。

step 18
START

おとこが ＿＿＿＿＿＿＿＿＿＿＿。

おとこが ＿＿＿＿＿＿＿＿＿＿＿。

おとこがかみを ＿＿＿＿＿＿＿＿。

おとこが ＿＿＿＿＿＿＿＿＿
もちあげている。

おとこがおんなと ＿＿＿＿＿＿
＿＿＿＿＿＿＿＿＿＿＿＿＿＿＿。

______________は

じょせいせんようだ。

ねこは______________ペットだ。

おとこが______________
ささえている。

______________はみぎの
テーブルよりちいさい。

うちゅうにはかぞえきれない
ほどの______________。

Go on to
the next step!!

START

おとこがじめんに＿＿＿＿＿
いる。

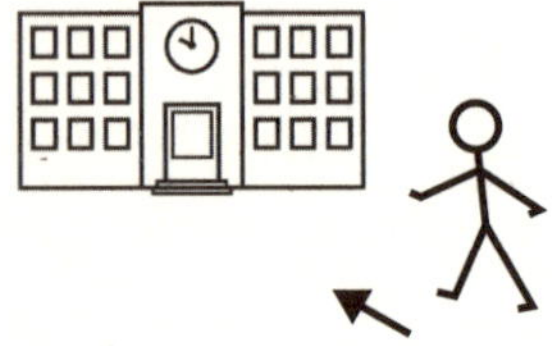

おとこが＿＿＿＿＿
いる。

ひとがテーブルのしたに＿＿＿＿＿
＿＿＿＿＿。

おとこが＿＿＿＿＿。

おとこが＿＿＿＿＿。

 06

ひとが＿＿＿＿＿＿＿ばしょは
ぎんこうだ。

07

＿＿＿＿＿＿＿＿＿＿＿。

08

このおとこはおおきいみみを
＿＿＿＿＿＿＿＿＿＿＿。

09

ねこは＿＿＿＿＿＿＿＿＿。

10

はしは＿＿＿＿＿＿＿ならない。

START

01

おとこはあるいていえに

　　　　　　　　　　　　　　　　　　　　　。

02

　　　　　　　　　　　　　　　　　　　　　。

03

おとこがたち　　　　　　　　　　　　　　　　。

04

かれはいすのまわりを　　　　　　　　　　
　　　　　　　　している。

05

おとこが　　　　　　　　　　　　　　　　　。

クリスチャンはにちようびごとに
＿＿＿＿＿＿＿＿＿＿＿＿＿＿＿＿。

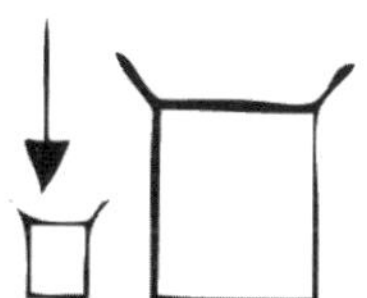

ひだりのはこは＿＿＿＿＿＿＿
ちいさい。

パイナップルはねったいの
＿＿＿＿＿＿＿＿＿＿＿＿＿＿。

＿＿＿＿＿＿＿＿はめんがむっつある。

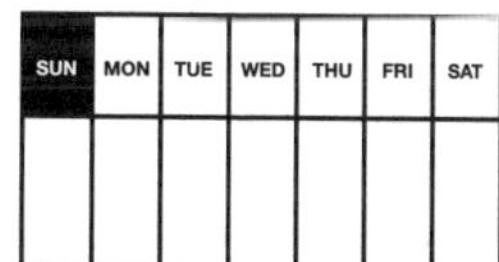

すべてのひとは＿＿＿＿＿＿＿＿に
やすむ。

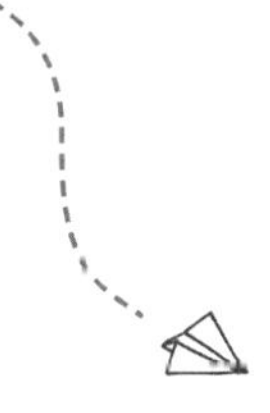

step 21

START

01

....。

02

おんなはこくばんにじを
....。

03

おとこがあたまのうえで..

04

せんせいが..
かいている。

05

ひとがテーブルから
....。

06

イチゴは＿＿＿＿＿＿の
なかのひとつだ。

07

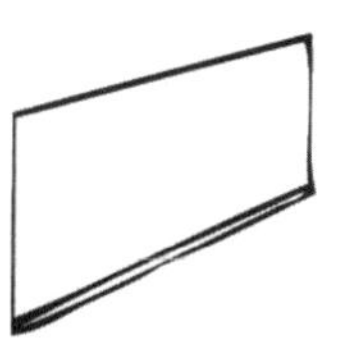

こくばんになにかを＿＿＿＿
＿＿＿＿＿＿＿＿には
チョークがひつようだ。

08

＿＿＿＿＿＿は
だんせいせんようだ。

09

トウガラシは
＿＿＿＿＿＿＿＿の
スパイスにつかわれる。

10

めはかおで＿＿＿＿＿＿
＿＿＿＿ぶぶんだ。

step 22
START

01

....。

02

おとこが...
いる。

03

おとこが...。

04

おとこが...
いる。

05

おとこが...........................　はこを
おいている。

06

ようナシはくだものの

＿＿＿＿＿＿＿＿＿＿＿＿＿＿＿＿＿。

07

しんぶんを＿＿＿＿＿＿＿＿＿＿＿＿＿
おく。

08

おとこのこが＿＿＿＿＿＿＿＿＿＿＿。

09

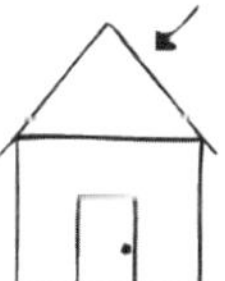

＿＿＿＿＿＿＿＿はとがっている。

10

おとこが＿＿＿＿＿＿＿＿＿いる。

START

01

おんなが ＿＿＿＿＿＿＿＿＿＿
かいている。

02

＿＿＿＿＿＿＿＿＿＿＿＿＿。

03

おとこがはこからなにかを
＿＿＿＿＿＿＿＿＿＿＿。

04

おとこが ＿＿＿＿＿＿＿＿＿。

05

おとこが ＿＿＿＿＿＿＿＿＿。

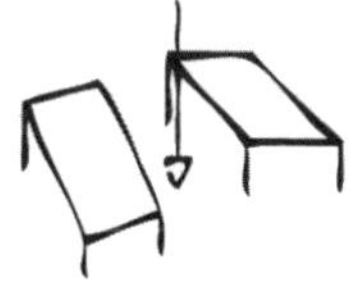

ふたつのテーブルのあいだに
_______________。

ひだりのテーブルは _______
_______ よりちいさい。

_______ がある。

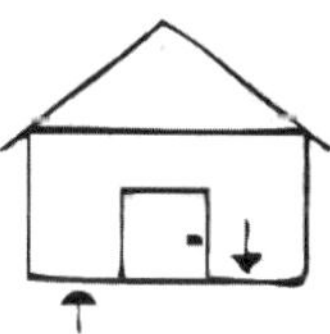

ひとびとがいえを _______
_______ している。

このおんなのこは _______
_______。

START

01

おとこが ＿＿＿＿＿＿＿＿＿＿＿＿＿＿。

02

おとこが ＿＿＿＿＿＿＿＿ いる。

03

おとこが ＿＿＿＿＿＿＿＿＿＿＿。

04

せんせいがこくばんにいえを ＿＿＿＿＿＿＿＿＿。

05

おとこが ＿＿＿＿＿＿＿＿ に
おんなをもちあげている。

でんきゅうが ＿＿＿＿＿＿＿＿＿。

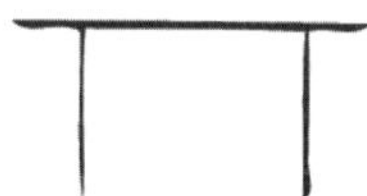

このテーブルは

＿＿＿＿＿＿＿＿＿ しかない。

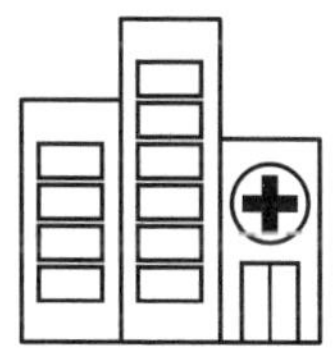

びょういんはかんじゃ を ＿＿＿＿

＿＿＿＿＿＿＿＿＿。

クモは ＿＿＿＿＿＿＿＿＿＿＿＿。

SUN	MON	TUE	WED	THU	FRI	SAT

がっこうは ＿＿＿＿＿＿＿＿＿
はじまる。

START

おとこが ＿＿＿＿＿＿＿＿＿＿ を
たたいている。

かれは ＿＿＿＿＿＿＿＿＿＿
すてている。

おとこが ＿＿＿＿＿＿＿＿＿＿。

おとこが ＿＿＿＿＿＿＿＿＿＿
している。

おとこが ＿＿＿＿＿＿＿＿＿ いる。

クリスチャンは
きょうかいにいく。

せいようじんは

みぎのいえは
ちいさい。

このおとこはおおきいみみを

01

おとこがゆびで
いる。

02

せんせいがじぶんのなまえを
。

03

ひとがテーブルのしたに
。

04

。

05

おとこが
。

06

それぞれのてには＿＿＿＿＿＿＿
＿＿＿＿＿＿＿＿＿ある。

07

ひとはあついのみものを
＿＿＿＿＿＿＿＿＿＿＿＿＿＿＿。

08

めはかおでもっとも
＿＿＿＿＿＿＿＿＿＿＿＿＿＿＿。

09

ペンはさきが＿＿＿＿＿＿＿。

10

トウガラシは
＿＿＿＿＿＿＿＿＿＿＿＿＿の
スパイスにつかわれる。

START

おとこが＿＿＿＿＿＿＿＿＿＿。

おとこが＿＿＿＿＿＿＿。

おとこが＿＿＿＿＿＿＿。

おとこがなにかのにおいを
＿＿＿＿＿＿＿。

おとこは＿＿＿＿＿＿＿
いる。

でんきゅうが______________。

パイナップルはねったいの

______________。

このおとこは______________を
もっている。

______________にいすをおく。

さかなは______________いきる。

Go on to
the next step!!

step 28
START

おとこが ....。

おとこが ....。

おとこがテーブルを ....
........................。

ひとが .... を
とっている。

かれはいすの ....
.... している。

06

ぼうしは＿＿＿＿＿＿＿を
ふせぐのにやくだつ。

07

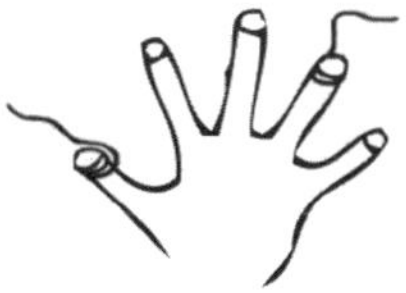

＿＿＿＿＿＿＿にいとが
むすばれている。

08

9

やきゅうは＿＿＿＿＿までだ。

09

このおとことおんなは
おとこのこの＿＿＿＿＿＿＿。

10

キーはドアを＿＿＿＿＿
＿＿＿＿＿する。

step 29
START

おとこが＿＿＿＿＿＿＿＿＿
いる。

02

＿＿＿＿＿＿＿＿＿がハイタッチを
している。

03

＿＿＿＿＿＿＿＿＿を
こくばんにかいた。

04

おとこがはこを＿＿＿＿＿＿＿。

05

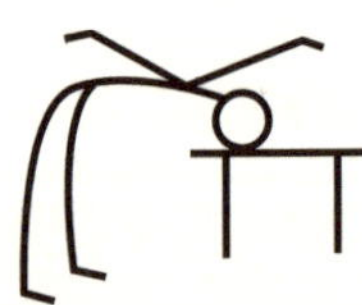

おとこがあたまで＿＿＿＿＿＿
＿＿＿＿＿＿＿いる。

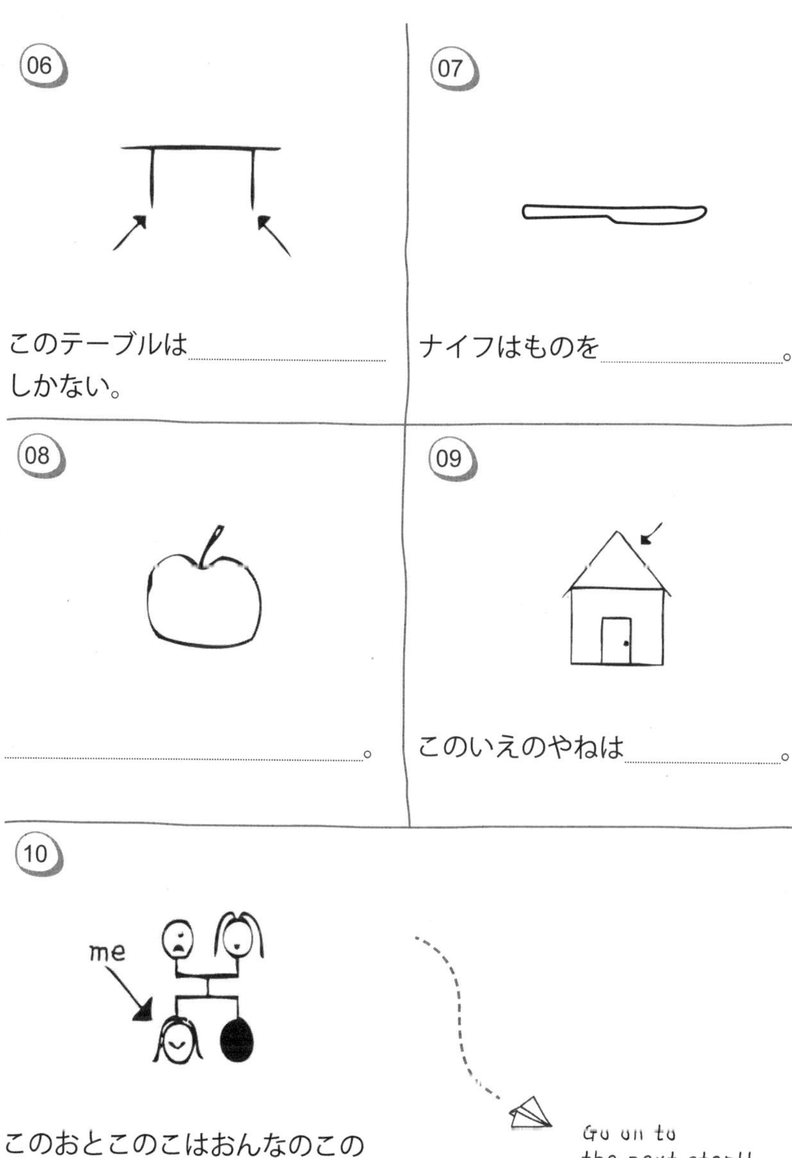

06
このテーブルは ____________
しかない。

07
ナイフはものを ____________。

08
____________。

09
このいえのやねは ____________。

10
このおとこのこはおんなのこの
____________。
me

Go on to
the next step!!

step 30
START

せんせいがこくばんにいえを
_______________________。

おとこが_______________________。

おとこがあるいていえの
なかに_______________________。

おとこが_______________________を
おいている。

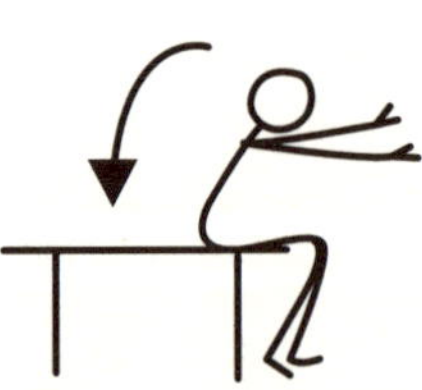

おとこが_______________________
_______________________。

06

________だ。

07

ワインは________。

08

________になって
________いる。

09

________。

10

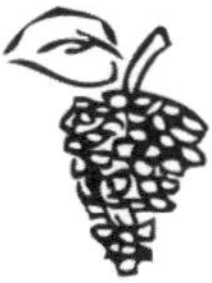

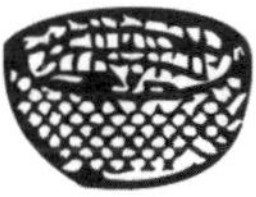

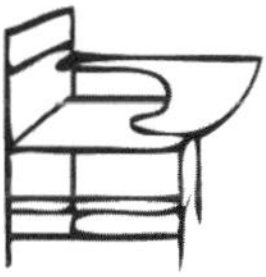

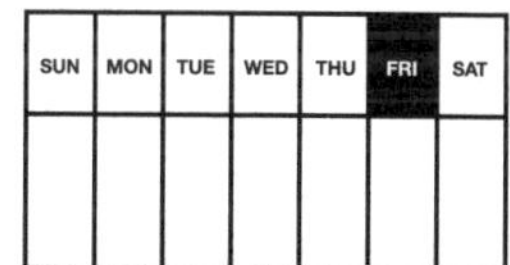

SUN
MON
TUE
WED
THU
FRI
SAT

________は
いくつかのくにでふきつなひと
しんじられている。

Go on to
the next Lesson!!

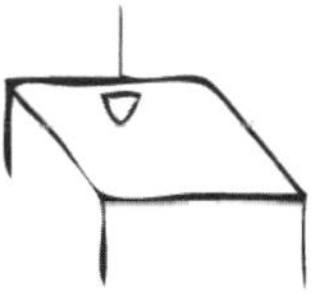

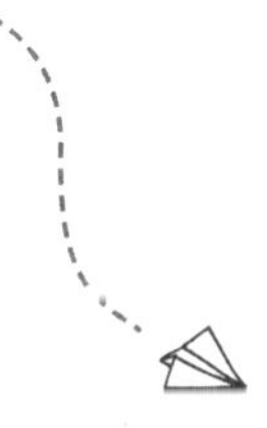

Lesson 4

step 31
START

おとこが＿＿＿＿＿＿＿＿＿＿＿＿
いる。

おとこがゆびで＿＿＿＿＿＿＿＿
＿＿＿＿＿＿＿＿＿＿。

おとこが＿＿＿＿＿＿＿＿＿＿。

おとこが＿＿＿＿＿＿＿＿＿＿。

おとこが＿＿＿＿＿＿＿＿＿＿。

06

＿＿＿＿＿＿＿＿＿がある。

07

＿＿＿＿＿＿＿＿＿はとがっている。

08

おとこが＿＿＿＿＿＿＿＿＿を
ささえている。

09

＿＿＿＿＿＿＿＿＿は
だんせいせんようだ。

10

キュウリ＿＿＿＿＿＿＿＿＿
ひとつだ。

step 32

START

おとこが................................
いる。

................................いえを
かいている。

おとこが................................
いる。

おとこが................................を
かいでいる。

....。

06

とけいには
びょうしんがある。

07

クモは

08

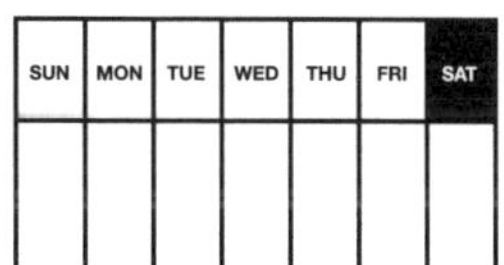

はどようびを
たのしみにまつ。

09

めはかおでもっとも

10

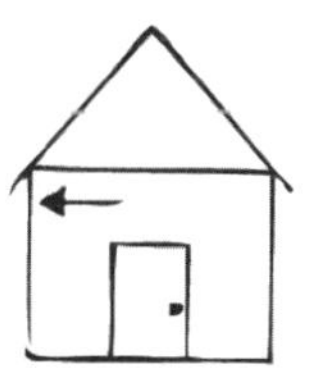

いえは

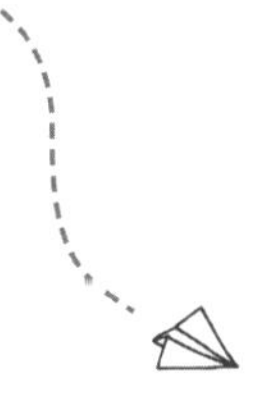

START

01

しょうねんがいえから ＿＿＿＿＿＿＿
＿＿＿＿＿＿＿＿＿＿＿＿。

02

03

ふたりのおとこが ＿＿＿＿＿＿＿
いる。

04

＿＿＿＿＿＿＿＿＿＿＿＿＿＿。

05

おとこがおんなと ＿＿＿＿＿＿＿
＿＿＿＿＿＿＿＿＿＿＿。

06

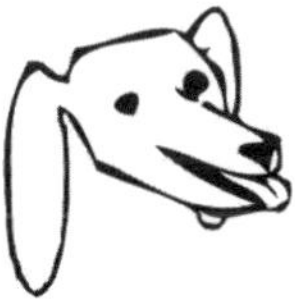

いぬは________。

07

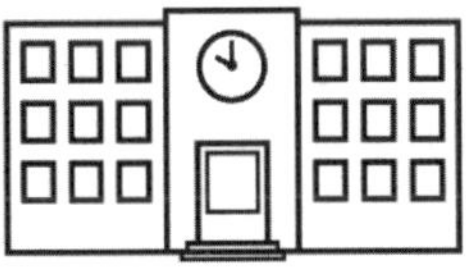

ひとは________
ならない。

08

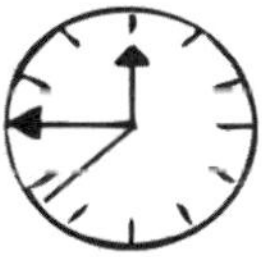

とけいにはたんしんと________
________。

09

7

________こううんの
すうじとしんじられている。

10

このおんなはおんなのこの
そぼだ。

Go on to
the next step!!

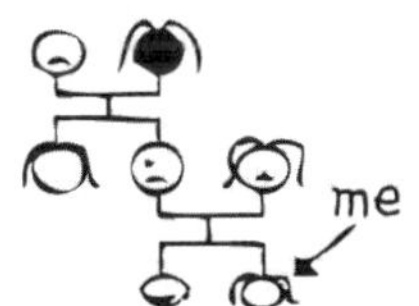

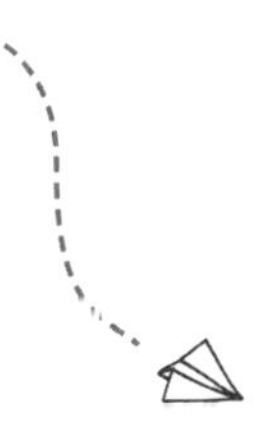

step 34

START

....。

おとこが ....

....。

....。

おとこが ....。

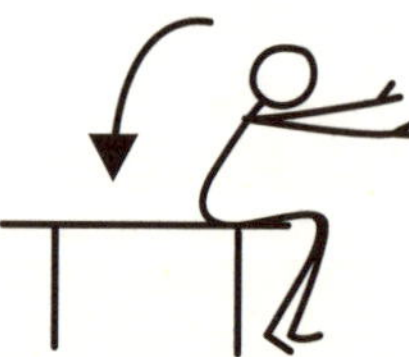

おとこが ....

....。

ごほんの ゆびがある。

ペンのさきが　　　　　　　。

はカールしてある。

せいようじん　　　　　　　。

　　　　　　　。

START

01

________________________。

02

かれはゴミを ________________________
________________________。

03

ひとが ________________________
いる。

04

おとこが ________________________
いる。

05

________________________。

_______________。

うちゅうにはかぞえきれない

_______________。

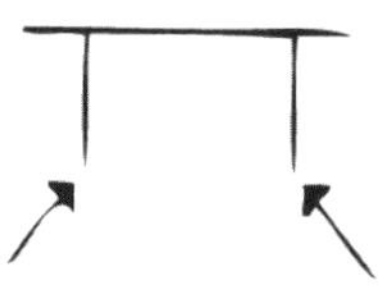

このテーブルは

_______________しかない。

くるまは_______________の
ひとつだ。

9

やきゅうは_______________。

step 36
START

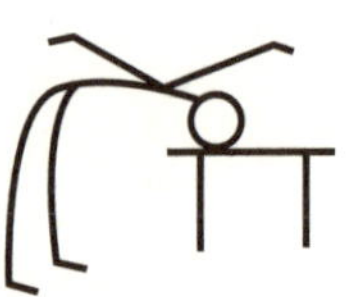

おとこが　＿＿＿＿＿＿＿＿＿＿＿＿＿＿＿＿。

おとこが　＿＿＿＿＿＿＿＿＿をあげて
いる。

おとこがでんきゅうを　＿＿＿＿＿＿
＿＿＿＿＿＿＿＿＿＿＿。

おとこが　＿＿＿＿＿＿＿＿＿＿＿＿。

おとこが　＿＿＿＿＿＿＿＿＿＿＿＿。

06

はたがは ＿＿＿＿＿＿＿＿＿＿＿＿。

07

おとこのあたまが ＿＿＿＿＿＿＿＿＿＿。

08

このおとことおんなは ＿＿＿＿＿＿
＿＿＿＿＿＿＿＿ のりょうしんだ。

09

それぞれのてには ＿＿＿＿＿＿＿＿
＿＿＿＿＿＿＿＿＿ がある。

10
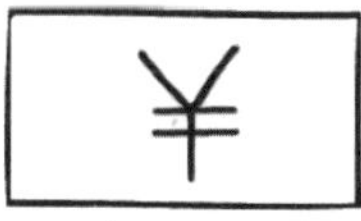

ひとは ＿＿＿＿＿＿＿＿＿＿＿。

step 37
START

....。

おとこがはこからなにかを
....。

おとこが ....。

おとこが ....。

....。

06

かえるはみずのなかとりくで

＿＿＿＿＿＿＿＿＿＿＿＿＿＿＿＿。

07

とけいには＿＿＿＿＿＿＿＿＿＿

＿＿＿＿＿＿＿＿＿がある。

08

＿＿＿＿＿＿＿＿＿＿＿＿＿＿＿＿。

09

＿＿＿＿＿＿＿＿＿＿＿＿＿＿＿＿。

10

＿＿＿＿＿＿＿＿＿なにもない。

step 38
START

せんせいが

。

おとこが
いる。

おとこが　　　　　　　　　　。

かれはともだちに

。

おんながりょううでを

。

06

20

はこどもたちの
あいだでにんきのあそびである。

07

_________________________________ 。

08

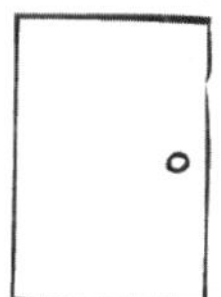

_________________________________ 。

09

みぎのいえは _______________

_________________________________ 。

10

このおとこの
むすめだ。

START

おとこが ________________
いる。

02

おとこがはこから ________________
________________。

03

おとこが ________________。

04

せんせいがじぶんの ________________
________________。

05

おとこが ________________。

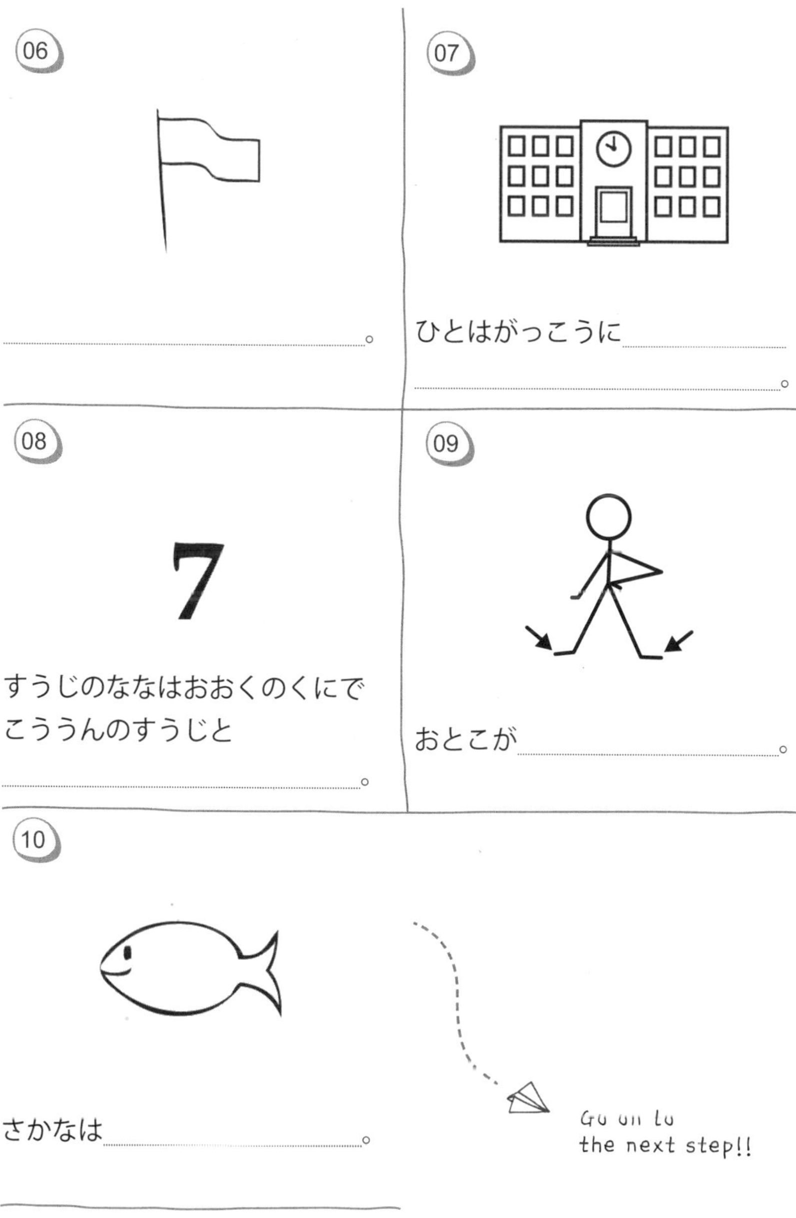

06

07
ひとはがっこうに

08
7
すうじのななはおおくのくにで
こううんのすうじと

09
おとこが

10
さかなは

Go on to
the next step!!

START

01

....................................。

02

....................................。

03

おとこはじめんに
いる。

04

かれは ....
.... している。

05

....................................。

06

SUN	MON	TUE	WED	THU	FRI	SAT

がっこうは＿＿＿＿＿＿
はじまる。

07

おやゆびとこゆびはごほんのゆび
のなかで＿＿＿＿＿＿。

08

このテーブルは
＿＿＿＿＿＿。

09

だんしトイレは
＿＿＿＿＿＿。

10

このおとこはこのおんなの＿＿＿
＿＿＿＿＿。

step 41
START

01

かれは ________________
すてている。

02

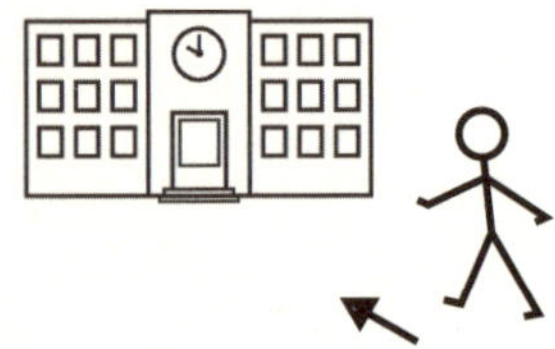

おとこが ________________
いる。

03

________________________________。

04

おとこが ________________
いる。

05

おとこが ________________
している。

ほんが ＿＿＿＿＿＿＿＿＿＿＿＿＿＿＿＿＿。

ワインは ＿＿＿＿＿＿＿＿＿＿＿＿＿＿＿。

レストランでは ＿＿＿＿＿＿＿＿＿。

4

かんこくで ＿＿＿＿＿＿＿＿＿＿＿＿
＿＿＿＿＿＿＿＿＿ しんじられている。

＿＿＿＿＿＿＿＿＿＿＿ はちいさくて
かたい。

START

01

＿＿＿＿＿＿＿＿＿＿＿＿＿＿＿＿＿＿＿。

02

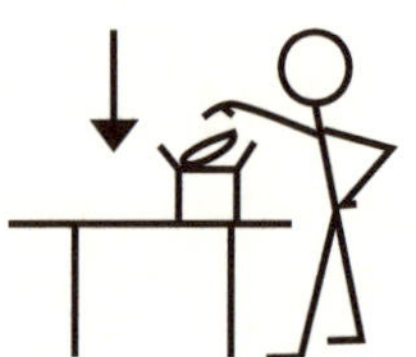

おとこが＿＿＿＿＿＿＿＿＿＿＿＿＿＿＿＿

＿＿＿＿＿＿＿＿＿＿＿＿＿＿＿。

03

おとこが＿＿＿＿＿＿＿＿＿＿＿＿＿＿。

04

おとこが＿＿＿＿＿＿＿＿＿＿＿＿＿。

05

おとこがおんなを＿＿＿＿＿＿＿＿＿＿

＿＿＿＿＿＿＿＿＿＿＿＿＿。

。

10

わたしたちは

。

このおとこは

。

はでこぼこして
いる。

つくえのうえにでんわとラジオと

。

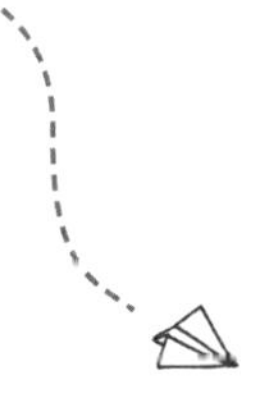

세상에서 제일 쉬운
일본어 책 ♪

CHAPTER
4

Lesson 5 - 8   Dictation sheets 2

Lesson 5

step 01
START

おとこが ＿＿＿＿＿＿＿＿＿＿＿＿＿＿＿＿＿＿＿。

おとこが ＿＿＿＿＿＿＿＿＿＿＿＿
いる。

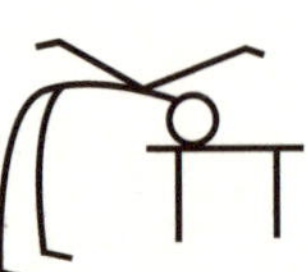

かれはあたまで ＿＿＿＿＿＿＿＿＿＿＿。

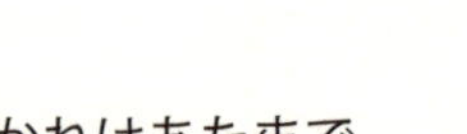

＿＿＿＿＿＿＿＿＿＿＿＿＿＿＿＿＿。

ふたりのおとこが ＿＿＿＿＿＿＿＿＿＿

＿＿＿＿＿＿＿＿＿＿＿。

06

おとこが ＿＿＿＿＿＿＿＿＿＿＿ 。

07

としょかんは ＿＿＿＿＿＿＿
かす。

08

ワイングラスには ＿＿＿＿＿＿＿ は
あるがとってはない。

09

テーブルの ＿＿＿＿＿＿＿＿＿ 。

10

18

アメリカでは ＿＿＿＿＿＿＿＿
おとなとしてあつかわれる。

step 02
START

おとこがテーブルのしたに

おとこがアイスクリームコーンを

おとこがぞうきんで

おとこが ＿＿＿＿＿＿＿＿＿＿＿＿＿＿。

＿＿＿＿＿＿＿＿＿＿＿＿＿＿＿。

ワインは ＿＿＿＿＿＿＿＿＿＿＿＿。

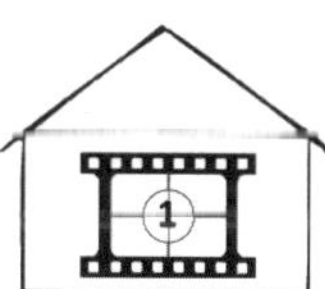

えいがかんでは ＿＿＿＿＿＿＿＿＿。

14

にがつじゅうよっかは

＿＿＿＿＿＿＿＿＿＿＿＿＿＿＿。

step 03
START

おとこが＿＿＿＿＿＿＿＿＿＿＿＿＿＿＿＿＿。

おとこがテーブルのうえでバランスを＿＿＿＿＿＿＿＿＿＿＿＿＿＿＿。

おとこが＿＿＿＿＿＿＿＿＿＿＿＿＿いる。

おとこがあしを＿＿＿＿＿＿＿＿＿＿＿＿＿＿＿＿＿＿＿。

06

おとこがてに＿＿＿＿＿＿＿＿＿
いる。

07

＿＿＿＿＿＿＿＿＿では
しょくひん、かし、のみものなどを
はんばいする。

08

ねこは＿＿＿＿＿＿＿＿＿
ペットだ。

09

あしは＿＿＿＿＿＿＿＿＿を
ささえる。

10

スプーンは＿＿＿＿＿＿＿＿＿のに
つかわれる。

step 04
START

おとこが ________________________________。

おとこが _______________________。

おとこが _______________________。

ひとがてを _____________ いる。

おんながこくばんにじぶんの

________________________________。

＿＿＿＿＿＿＿＿＿＿＿。

おとこが ＿＿＿＿＿＿＿＿ いる。

ナプキンは ＿＿＿＿＿＿＿＿
ある。

20

にじゅうのしつもんはこどもたちの
あいだで ＿＿＿＿＿＿＿＿＿。

＿＿＿＿＿＿＿＿＿＿＿＿＿ は
けいたいできる。

step 05
START

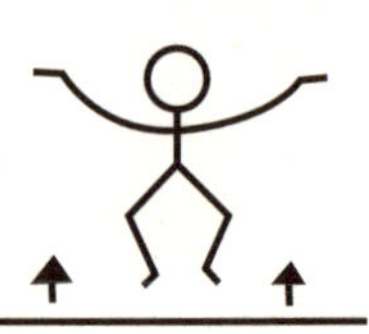

おとこが＿＿＿＿＿＿＿＿＿。

おとこがぞうきんで＿＿＿＿＿
＿＿＿＿＿＿＿＿＿。

おとこが＿＿＿＿＿＿＿
＿＿＿＿＿＿いる。

おとこがしんぶんを＿＿＿＿
＿＿＿＿＿＿＿＿＿。

＿＿＿＿＿＿＿＿＿＿＿。

06

カップルが ＿＿＿＿＿＿＿＿＿＿。

07

じょしトイレは

＿＿＿＿＿＿＿＿＿＿＿＿＿。

08

ようナシはくだものの

＿＿＿＿＿＿＿＿＿＿＿＿＿。

09

＿＿＿＿＿＿＿＿＿＿＿＿＿。

10

このおとことおんなはこのこたちの

＿＿＿＿＿＿＿＿＿＿＿＿＿。

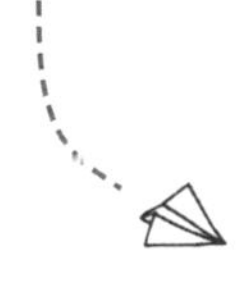

step 06
START

おとこが＿＿＿＿＿＿＿＿＿＿いる。

おとこが＿＿＿＿＿＿＿＿まどを
ふいている。

かれは＿＿＿＿＿＿＿＿＿＿＿。

おとこが＿＿＿＿＿＿＿＿よこに
なる。

おとこが＿＿＿＿＿＿＿＿＿を
とじている。

06

おとこが ＿＿＿＿＿＿＿＿＿＿ 。

07

＿＿＿＿＿＿＿＿＿＿ 。

08

このおんなのこは ＿＿＿＿＿＿＿＿
＿＿＿＿＿＿＿＿＿＿ 。

09

ひとはぎんこうに ＿＿＿＿＿＿＿＿ 。

10

さかなは ＿＿＿＿＿＿＿＿＿＿ 。

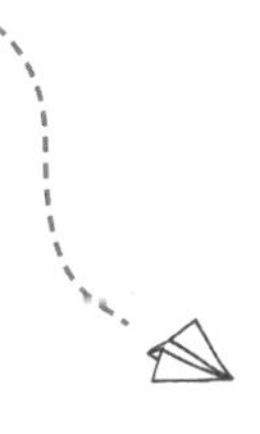

START

01

おとこがみずを ___________________。

02

おとこが ___________________。

03

ふたりのおとこが ___________
いる。

04

おとこが ___________________。

05

おとこが ___________ いる。

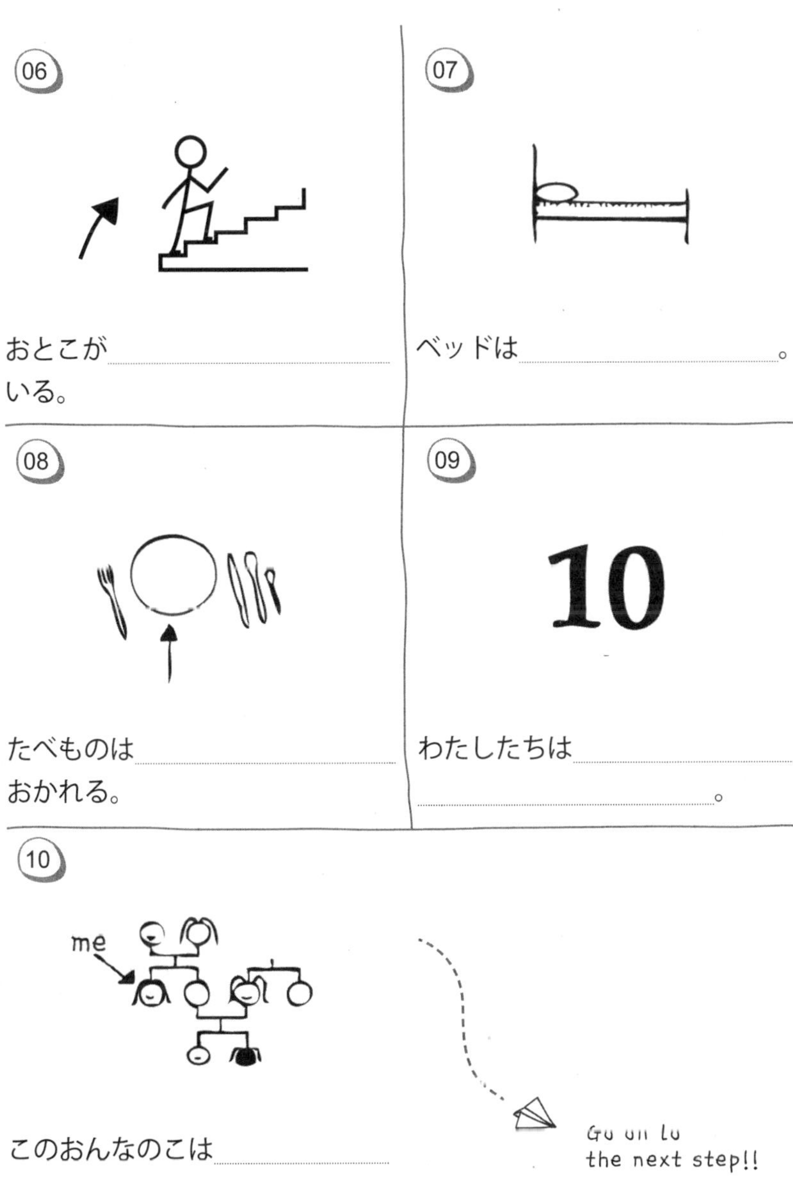

06
おとこが＿＿＿＿＿
いる。

07
ベッドは＿＿＿＿＿。

08
たべものは＿＿＿＿＿
おかれる。

09
10
わたしたちは＿＿＿＿＿
＿＿＿＿＿。

10
me
このおんなのこは＿＿＿＿＿
＿＿＿＿＿。

Gu un lu
the next step!!

01

このじょせいはひだりめで

＿＿＿＿＿＿＿。

02

おとこが＿＿＿＿＿＿たとうと
している。

03

＿＿＿＿＿＿＿＿。

04

おとこがグラスにみずを

＿＿＿＿＿＿＿。

05

＿＿＿＿＿＿＿。

おとこがはこのうしろに

＿＿＿＿＿＿＿＿＿＿＿＿＿＿＿＿＿＿＿＿。

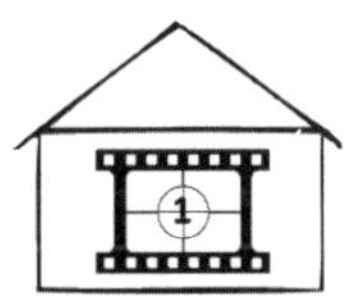

＿＿＿＿＿＿＿＿＿＿＿＿＿えいがをみせる。

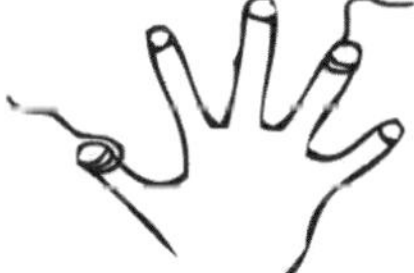

おやゆびとくすりゆびにいとが

＿＿＿＿＿＿＿＿＿＿＿＿＿＿＿＿＿＿＿＿。

おんなが＿＿＿＿＿＿＿＿＿＿＿＿＿＿＿＿。

20

＿＿＿＿＿＿＿＿＿＿＿にじゅっせいき
だった。

START

01

おとこが ....。

02

....。

03

おんながりょううでを
こう ....。

04

....。

05

おとこが ....。

06
おとこが　　　　　　　　　　　。

07
ボトルは　　　　　　　　　　　。

08
あなたの　　　　　　　　　　　。

09
　　　　　　　　　　　。

10
me

このおんなのこはこのおんなの
　　　　　　　　　　　。

Go on to
the next step!!

step 10
START

_______________。

おとこがちいさいはこを
_______________。

おんなは_______________
_______________いる。

おとこが_______________。

_______________。

おとこがはこに
　　　　　　　　　　　。

フォークは　　　　　　　　　　　のに
つかわれる。

たまごがある。

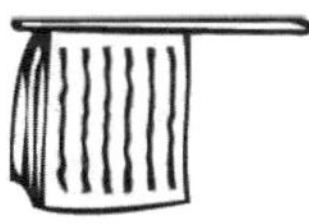

　　　　　　　　　　　ごほんの
ゆびがある。

　　　　　　　　　　　まいにち
しんぶんをよむ。

Lesson 6

START

01

おとこが ＿＿＿＿＿＿＿＿＿＿＿＿＿＿＿＿。

02

おとこが ＿＿＿＿＿＿＿＿＿＿
いる。

03

ふたりの ＿＿＿＿＿＿＿＿＿＿ を
している。

04

おとこが ＿＿＿＿＿＿＿＿＿＿＿＿。

05

おとこが ＿＿＿＿＿＿＿＿＿＿＿＿。

06

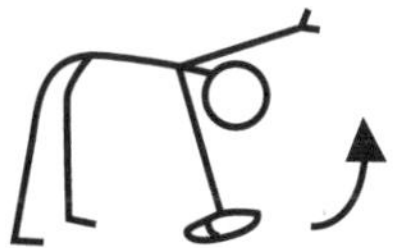

おとこが＿＿＿＿＿＿＿＿
いる。

07

＿＿＿＿＿＿にはステムとだいは
あるがとってはない。

08

＿＿＿＿＿＿＿＿＿＿＿＿＿＿＿。

09

これは＿＿＿＿＿＿＿＿だ。

10

ふたりのひとがけっこんすると、
かれらは＿＿＿＿＿＿＿＿。

START

01

おんながりょううでを
_________________。

02

おとこが_________________
ふいている。

03

おとこがいすのうえに_______
_________________。

04

おとこが_________________
いる。

05

このじょせいは
ウインクする。

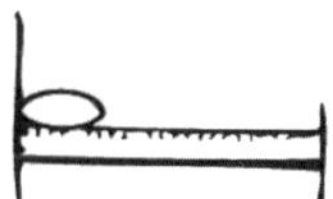

ベッドは ________________。

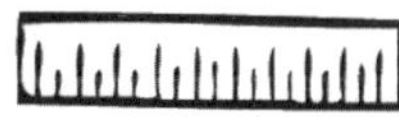

じょうぎは ________________
のにつかわれる。

かがみは ________________
のでわたしたちはじぶんじしんを
みることができる。

________________。

17

「セブンティーン」はアメリカの

____

あいだでとてもにんきのある
ざっしだ。

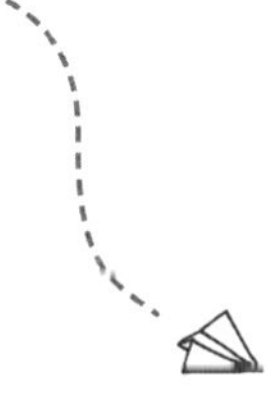

step 13
START

おとこが＿＿＿＿＿＿＿＿＿を
たべている。

02

おんなは＿＿＿＿＿＿
＿＿＿＿＿いる。

03

おとこが＿＿＿＿＿
している。

04

＿＿＿＿＿＿＿＿＿。

05

おとこがおんなのかみを

＿＿＿＿＿＿＿＿＿。

おとこが ＿＿＿＿＿＿＿＿＿＿＿＿。

マグカップには ＿＿＿＿＿＿＿＿＿＿＿＿。

かおには ＿＿＿＿＿＿＿＿＿ ある。

ひこうきは ＿＿＿＿＿＿＿＿＿
はやいゆそうしゅだんのひとつだ。

50

アメリカには ＿＿＿＿＿＿＿＿＿ が
ある。

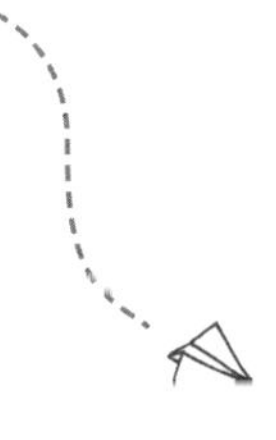

step 14
START

おとこがガソリンタンクを

＿＿＿＿＿＿＿＿＿＿＿＿＿＿＿＿＿＿＿＿＿。

おとこが ＿＿＿＿＿＿＿＿＿＿ いる。

おとこが ＿＿＿＿＿＿＿＿＿＿＿＿＿＿。

ひとがてをみずで ＿＿＿＿＿＿＿＿＿。

ひとが ＿＿＿＿＿＿＿＿＿＿＿＿＿＿＿。

おんながりょううでを

____________________。

スーパーマーケットでは
しょくひん、かし、のみものなどを

____________________。

80

「はちじゅうにちかんせかい
いっしゅう」はせかいでとても

____________________。

かさは ____________________。

かえるは ____________________
いきることができる。

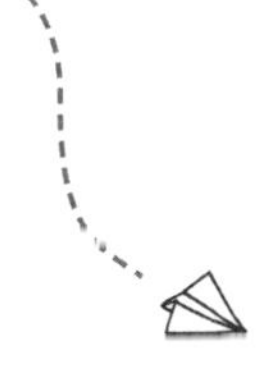

step 15

START

おとこが
かくれている。

おとこが＿＿＿＿＿いる。

おとこが＿＿＿＿＿。

＿＿＿＿＿がダンスを
している。

＿＿＿＿＿がキスしている。

06

おとこが＿＿＿＿＿＿＿＿＿
いる。

07

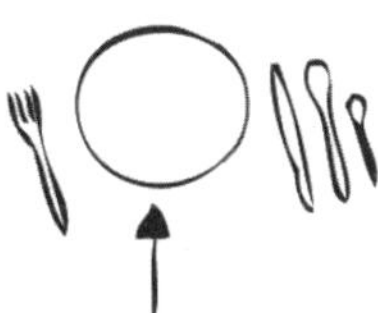

たべものはさらのうえに
＿＿＿＿＿＿＿＿＿＿＿＿＿。

08

あしはひとのたいじゅうを
＿＿＿＿＿＿＿＿＿＿＿＿＿。

09

ほとんどのばあいじょせいは
　　　　　　をもちあるく。

10

はやくおきるとりがむしを
＿＿＿＿＿＿＿＿＿＿＿＿＿。

step 16
START

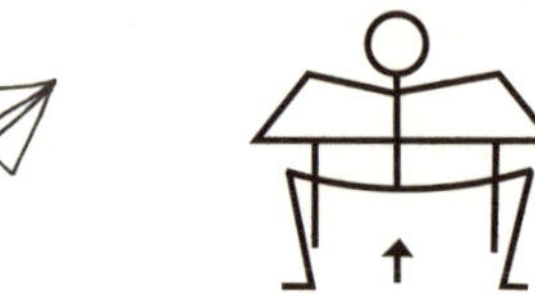

おとこが ____________
いる。

____________________。

おとこがこどもに ____________
____________ いる。

おとこが ____________
はいっている。

おとこがキュウリを
____________________。

06

おとこが＿＿＿＿＿＿＿はいて
いる。

07

すべてのたてものにはまどが
＿＿＿＿＿＿＿＿＿＿＿＿＿。

08
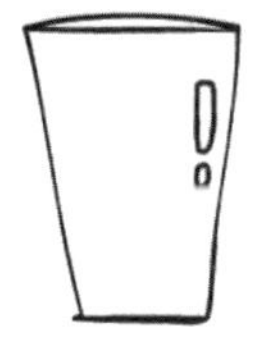

＿＿＿＿＿＿＿＿＿＿＿。

09
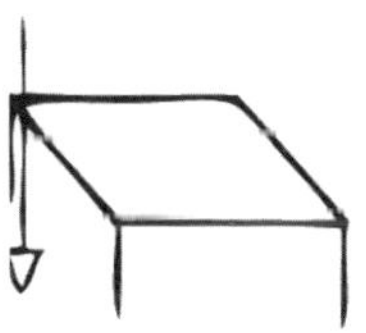

テーブルのよこに＿＿＿＿＿
おく。

10

17

「セブンティーン」はアメリカの
じゅうだいのしょうじょたちの
あいだで＿＿＿＿＿＿＿
ざっしだ。

step 17
START

ふたりのおとこが＿＿＿＿＿＿＿＿＿＿＿＿＿＿＿＿＿

＿＿＿＿＿＿＿＿＿＿＿＿＿＿＿＿＿＿＿＿＿。

おとこが＿＿＿＿＿＿＿＿＿＿＿＿＿＿＿。

＿＿＿＿＿＿＿＿＿＿あくしゅをしている。

おとこが＿＿＿＿＿＿＿＿＿＿＿＿＿＿＿＿
つないでいる。

＿＿＿＿＿＿＿＿＿＿＿＿＿＿＿＿＿＿＿＿＿。

おとこがしんぶんを
＿＿＿＿＿＿＿＿＿＿。

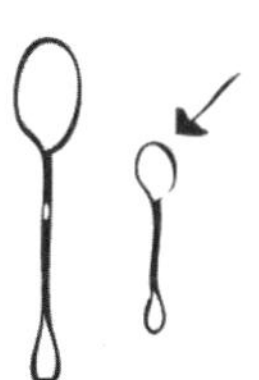

＿＿＿＿＿＿＿＿＿＿はおちゃを
のむのにつかわれる。

オレンジのかわは＿＿＿＿＿＿
いる。

バスケットのなかに
＿＿＿＿＿＿＿＿＿＿＿＿＿＿。

くしはかみをととのえるのに
＿＿＿＿＿＿＿＿＿。

step 18
START

01

おとこが ________________ いる。

02

おとこが ________________
きたりしている。

03

________________ 。

04

おとこが ________________ 。

05

おとこが ________________ 。

06

＿＿＿＿＿＿＿＿＿＿＿＿いる。

07

＿＿＿＿＿＿＿＿＿＿＿のいっしゅだ。

08

40

「アリババとよんじゅうにんの
とうぞく」は＿＿＿＿＿＿＿＿＿＿
＿＿＿＿＿＿アラビアのどうわだ。

09

＿＿＿＿＿＿＿＿はしょるいや
ぶんしょをはこぶのにつかわれる。

10

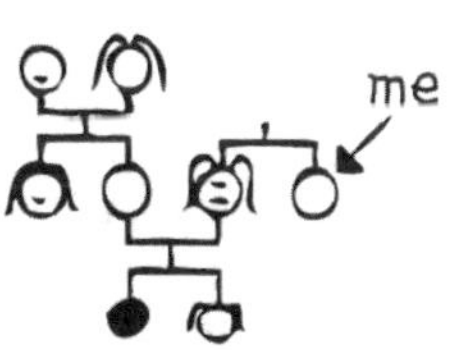

おとこのこは＿＿＿＿＿＿＿＿＿＿＿＿
＿＿＿＿＿＿＿＿＿＿＿＿＿＿＿＿＿。

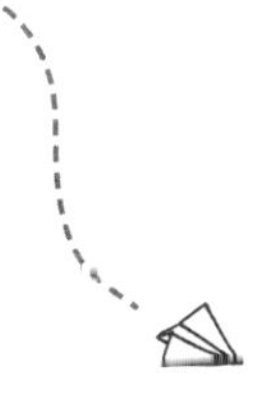

START

_________________________。

おとこが＿＿＿＿＿＿を
みたしている。

おとこがべつの＿＿＿＿＿
＿＿＿＿＿＿いる。

おとこがテーブルのうえにはこを
＿＿＿＿＿＿。

おとこが＿＿＿＿＿＿＿。

　　　　　　かぶって
いる。

　　　　　　ひらいている。

フォークは
つかわれる。

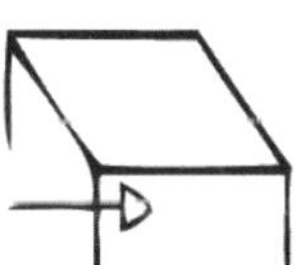

テーブルの　　　　　　　　　　　。

100

ひゃくねんは

　　　　　　　　　　　　　。

step 20
START

01

おとこが ....
....。

02

おとこが ....。

03

おとこが ....。

04

おとこがしんぶんを
にぎり ....。

05

おとこが ....。

_________________。

ぼうしはたいようのひかりを
_________________。

これは _________________。

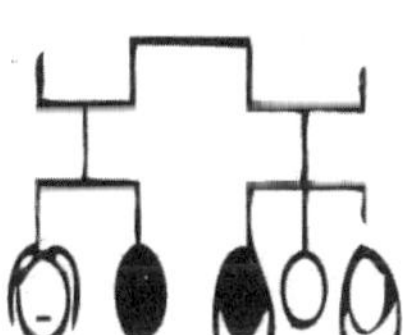

_________________ は
いとこだ。

オレンジは _________________。

Lesson 7

step 21
START

01

おとこが ....。

02

おとこがべつのおとこを
....。

03

ひとが ....。

04

おとこが .... を
とじている。

05

おとこが ....。

06

おとこが＿＿＿＿＿＿＿＿＿
いる。

07

＿＿＿＿＿＿＿＿＿＿＿＿＿＿＿。

08

ナプキンは＿＿＿＿＿＿＿
ある。

09

おとこもおんなも＿＿＿＿＿＿。

10

はしごは＿＿＿＿＿＿＿＿＿＿＿
よりひくいところにいくために
つかわれる。

step 22
START

おとこが ＿＿＿＿＿＿＿＿＿＿＿＿＿＿＿＿＿＿＿。

おとこが ＿＿＿＿＿＿＿＿＿＿＿＿
いる。

おとこが ＿＿＿＿＿＿＿＿＿＿＿＿
いる。

おとこが ＿＿＿＿＿＿＿＿＿＿＿＿＿＿。

おとこが ＿＿＿＿＿＿＿＿＿＿＿＿＿＿。

おとこが＿＿＿＿＿＿＿＿＿＿＿
している。

ワインは＿＿＿＿＿＿＿つくられる。

＿＿＿＿＿＿＿＿＿＿＿＿＿＿＿＿。

うまは＿＿＿＿＿＿＿＿＿＿＿
だった。

14

＿＿＿＿＿＿＿＿＿＿＿＿は
バレンタインデーだ。

step 23
START

01

おとこがベッドのうえに

＿＿＿＿＿＿＿＿＿＿＿＿＿＿＿＿。

02

おとこが ＿＿＿＿＿＿＿＿＿＿＿。

03

おとこがはこのうしろに

＿＿＿＿＿＿＿＿＿＿＿＿＿＿＿＿。

04

おとこがアイスクリームコーンを

＿＿＿＿＿＿＿＿＿＿＿＿＿。

05

おとこが ＿＿＿＿＿＿＿＿＿

はいっている。

06

おとこが ＿＿＿＿＿＿＿＿＿。

07

キュウリは ＿＿＿＿＿＿＿＿＿。

08

みみは ＿＿＿＿＿＿＿＿＿。

09

15

＿＿＿＿＿＿＿＿＿でそれぞれの
クォーターはじゅうごふんだ。

10

ふうけいがはしゅういのしぜんを
＿＿＿＿＿＿＿＿＿。

step 24
START

01

おとこが
いる。

02

おとこが _____________________。

03

おとこが _____________________。

04

_____________________。

05

おとこが _____________________。

 06

おとこが ___________
している。

 07

___________。

 08

おやゆびとこゆびは ___________
なかでもっともちいさい。

09

じょせいが ___________
いる。

10

このおとこのこはおんなのこの
___________。

step 25
START

01

おとこが ＿＿＿＿＿＿＿＿＿＿＿＿＿＿＿。

02

おんなが ＿＿＿＿＿＿＿＿＿＿

＿＿＿＿＿＿＿＿＿＿ いる。

03

＿＿＿＿＿＿＿＿＿＿＿＿＿＿＿。

04

おとこが ＿＿＿＿＿＿＿＿＿＿＿＿。

05

おとこが ＿＿＿＿＿＿＿＿＿＿＿＿。

＿＿＿＿＿＿＿＿まどを
ふいている。

パイナップルは＿＿＿＿＿＿＿＿
くだものだ。

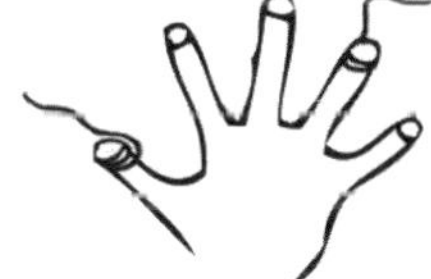

おやゆびとくすりゆびにいとが
＿＿＿＿＿＿＿＿＿＿。

ちかごろはすべてのかていが
＿＿＿＿＿＿＿＿＿＿を
もっている。

50

＿＿＿＿＿＿＿＿ごじゅうの
しゅうがある。

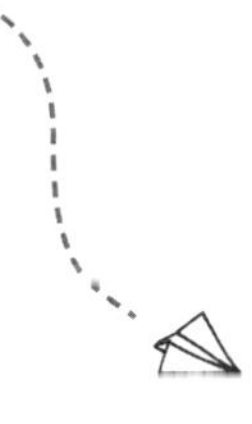

START

01

おとこが　　　　　　　　　　　　　　　　　。

02

おとこが　　　　　　　　　　　　　　
　　　　　　　　　　いる。

03

おとこが　　　　　　　　　　　　　　　　。

04

おとこが　　　　　　　　　　　　を
かいでいる。

05

おとこがテーブルのしたに
　　　　　　　　　　　　　　。

06

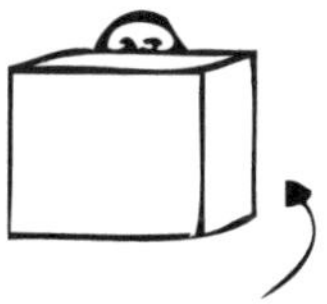

おとこが________
かくれている。

07

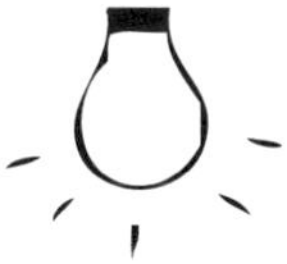

________。

08

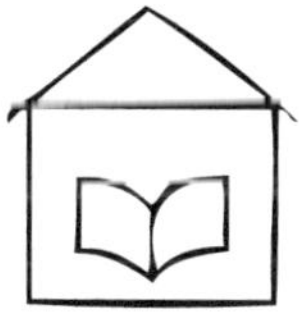

としょかんは________
かす。

09

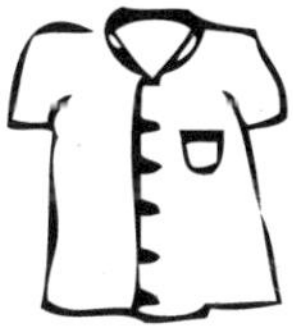

これは________シャツだ。

10

はさみは________つかう。

Go on to
the next step!!

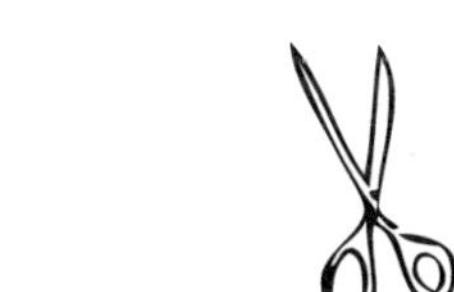

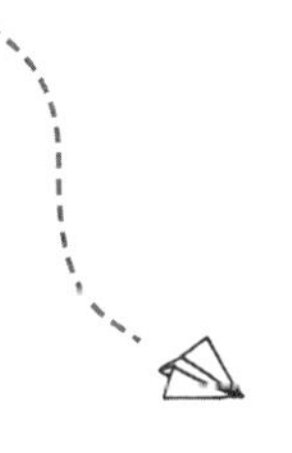

START

おとこがテーブルのうえにはこを
＿＿＿＿＿＿＿＿＿＿＿＿＿＿。

おとこが＿＿＿＿＿＿＿＿＿
いる。

おとこが＿＿＿＿＿＿＿＿＿＿＿。

おとこが＿＿＿＿＿＿＿＿＿
いる。

おとこが＿＿＿＿＿＿＿＿＿＿＿。

おとこが＿＿＿＿＿＿＿＿＿＿＿＿＿＿＿＿
いる。

＿＿＿＿＿＿＿＿＿＿＿＿＿＿＿＿＿＿＿＿。

＿＿＿＿＿＿＿＿＿をみせなさい。

＿＿＿＿＿＿＿つけられている。

18

アメリカではじゅうはっさいから

＿＿＿＿＿＿＿＿＿＿＿＿＿＿＿＿。

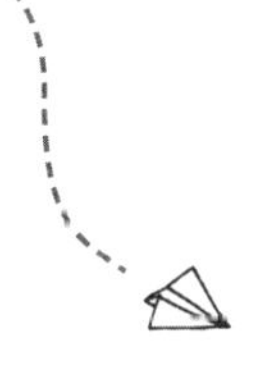

START

01

カップルが ＿＿＿＿＿＿＿＿＿＿＿＿＿＿＿。

02

おとこが ＿＿＿＿＿＿＿＿＿＿＿＿
いる。

03

おとこが ＿＿＿＿＿＿＿＿＿＿ はいて
いる。

04

おとこが ＿＿＿＿＿＿＿＿＿＿＿＿。

05

おとこが ＿＿＿＿＿＿＿＿＿＿＿＿＿。

06

このじょせいは＿＿＿＿＿
ウインクする。

07

えんぴつは＿＿＿＿＿＿＿＿＿。

08

はさみは＿＿＿＿＿＿＿＿。

09

＿＿＿＿＿＿＿＿＿＿＿。

10

＿＿＿＿＿＿＿はめがねを
つかう。

Go on to
the next step!!

step 29
START

01

02

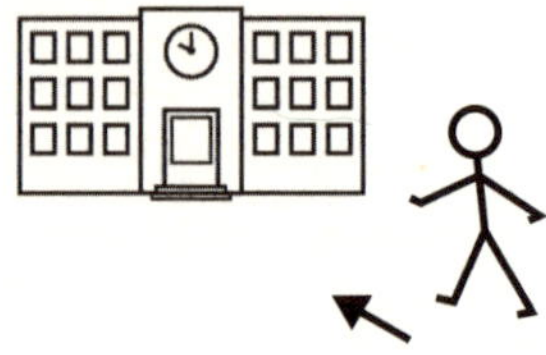

おとこが
いる。

03

おとこがガソリンタンクを

04

おとこがテーブルにいぬを

05

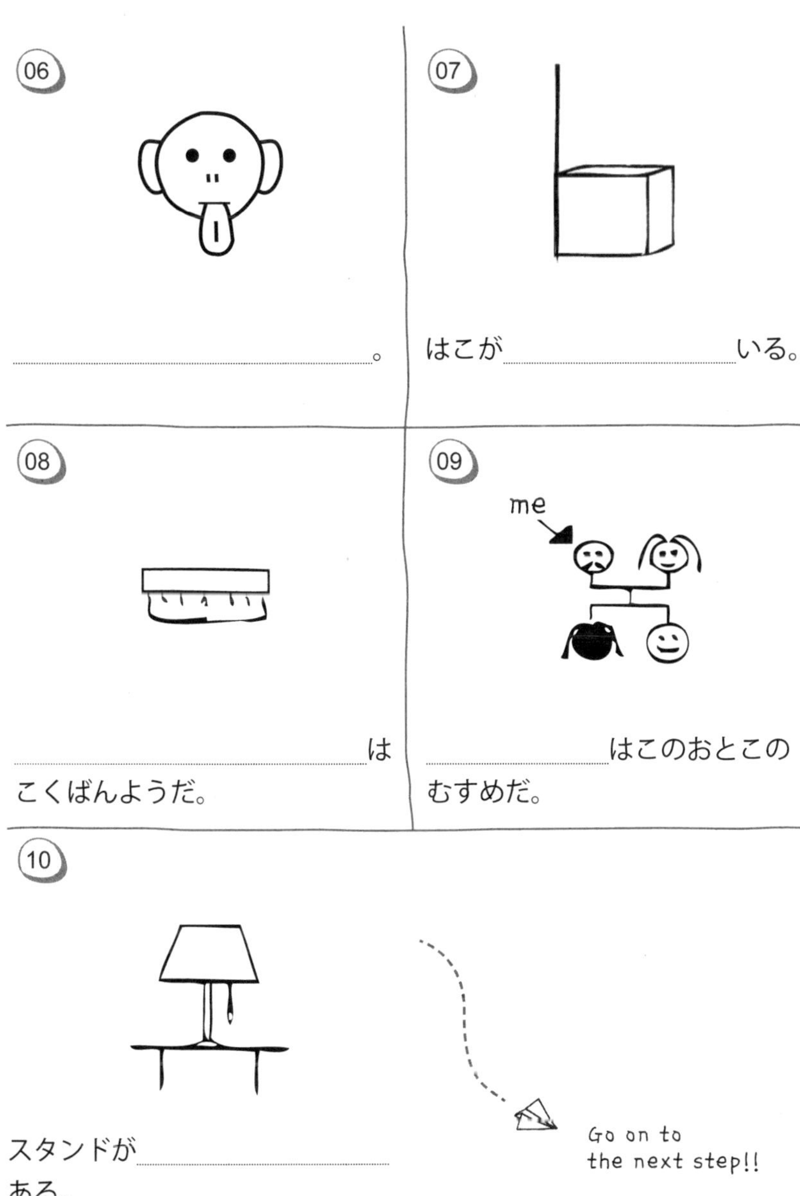

06

＿＿＿＿＿＿＿＿＿＿＿＿＿＿＿。

07

はこが＿＿＿＿＿＿＿＿＿いる。

08

＿＿＿＿＿＿＿＿＿＿は
こくばんようだ。

09

＿＿＿＿＿＿＿はこのおとこの
むすめだ。

10

スタンドが＿＿＿＿＿＿＿＿＿
ある。

step 30
START

おとこが ＿＿＿＿＿＿＿＿＿＿＿＿＿＿＿＿

＿＿＿＿＿＿＿＿＿＿＿＿＿＿＿＿ いる。

＿＿＿＿＿＿＿＿＿＿＿＿＿＿＿＿＿＿＿。

＿＿＿＿＿＿＿＿＿＿＿＿＿＿＿＿＿＿＿。

おとこが ＿＿＿＿＿＿＿＿＿＿＿＿＿＿
いる。

＿＿＿＿＿＿＿＿＿＿＿＿＿＿＿＿＿＿＿。

があくしゅをして
いる。

ようナシはくだものの
　　　　　　　　　　　　　　　　　　　　　　　　。

100

ひゃくねんはいっせいきと
　　　　　　　　　　　　　。

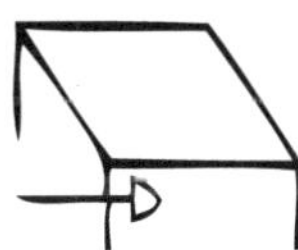

　　　　　　　　　　　　　　　　　　　　　　　。

おとこが　　　　　　　　　　　　　　　　　　　　。

Lesson 8

step 31
START

おとこが ....。

ふたりのおとこが..........................
いる。

....。

おとこが..........................
している。

おとこが.......................... いる。

06

おとこが ___________ つぶしている。

07

___________________________。

08

あなたの ___________________。

09

いすとつくえが ___________ いる。

10

40

「アリババとよんじゅうにんのとうぞく」は ___________ アラビアのどうわだ。

step 32
START

おとこが
すわる。

おとこが＿＿＿＿＿＿＿いる。

おとことおんなが＿＿＿＿＿
＿＿＿＿＿＿＿＿＿＿＿。

おとこが＿＿＿＿＿＿＿。

おとこが＿＿＿＿＿＿＿
いる。

おとこが
みたしている。

クリスチャンは
きょうかいにいく。

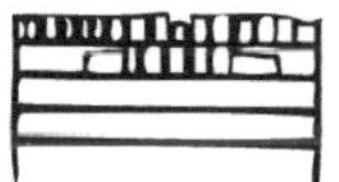

せいりされて
いる。

はやくおきるとりがむしを
。

きるのにつかう。

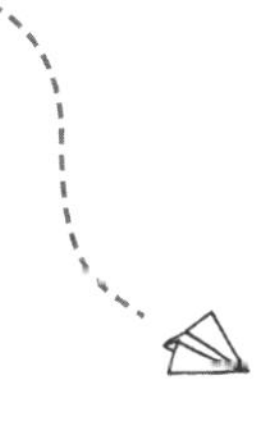

step 33
START

おとこが＿＿＿＿＿＿＿＿＿＿
いる。

おとこが＿＿＿＿＿＿＿＿を
おいている。

おとこが＿＿＿＿＿＿＿＿。

おとこがテーブルのしたに
＿＿＿＿＿＿＿＿＿＿。

おとこがテーブルにいぬを
＿＿＿＿＿＿＿＿＿＿。

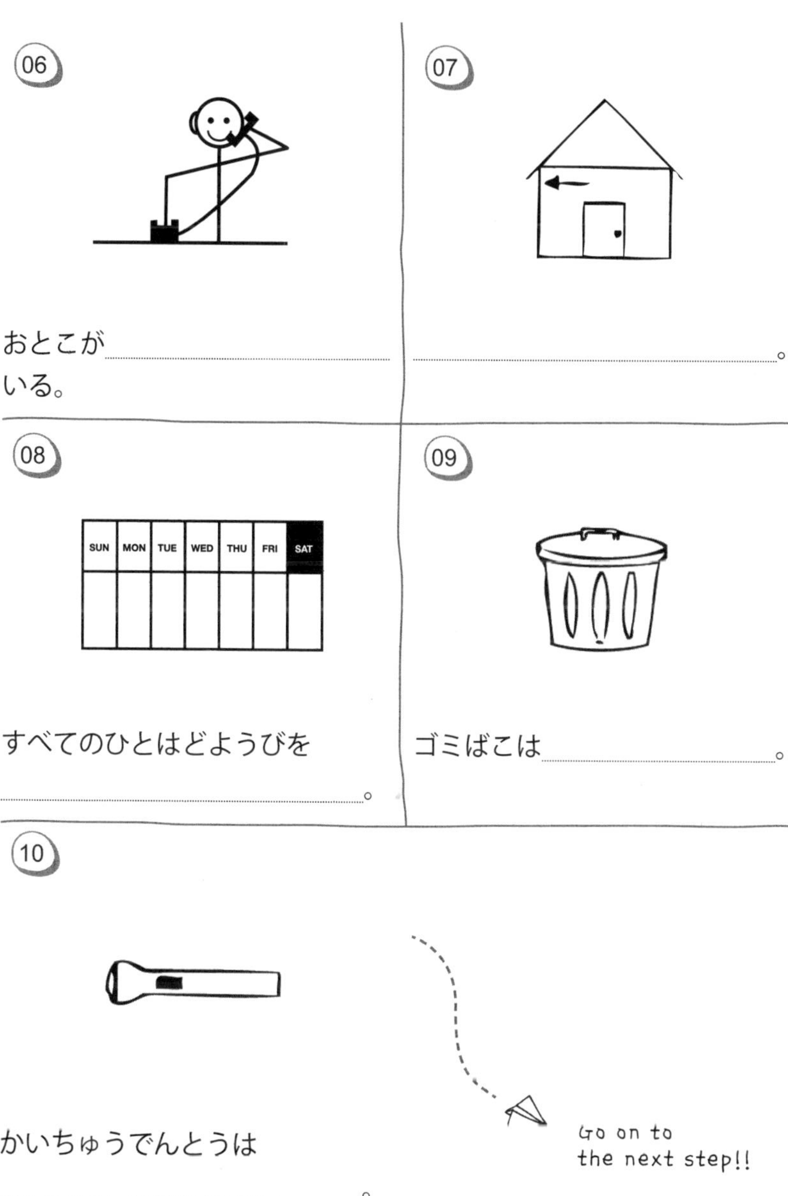

06
おとこが
いる。

07

08
SUN MON TUE WED THU FRI SAT
すべてのひとはどようびを

09
ゴミばこは

10
かいちゅうでんとうは

Go on to
the next step!!

step 34
START

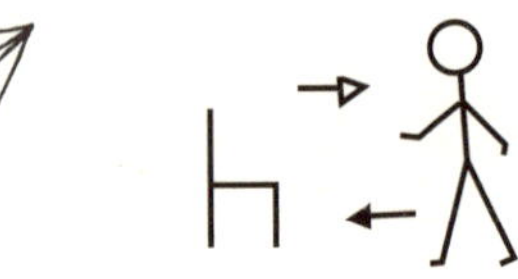

かれは＿＿＿＿＿＿＿をいったり
きたりしている。

おとこが＿＿＿＿＿＿＿。

おとこが＿＿＿＿＿＿＿
している。

おとこが＿＿＿＿＿＿＿。

おとこが＿＿＿＿＿＿＿
＿＿＿＿＿＿＿いる。

06

おとこがおんなのかみを

　　　　　　　　　　　　。

07

いぬは
ペットだ。

08

90

　　　　　　はきゅうじゅうどだ。

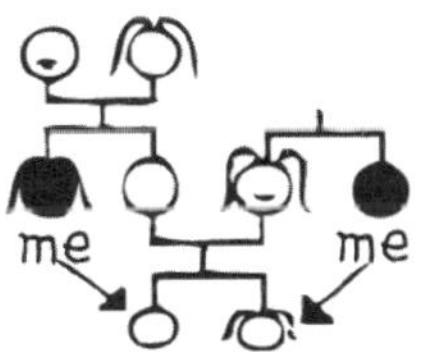

09

　　　　　　はおとこの
ことおんなのこのおばとおじだ。

10

じょせいが　　　　　　　　。

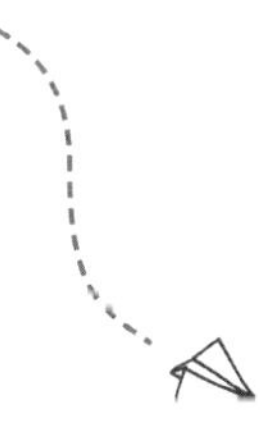

step 35
START

おとこがちいさいいすを

_________________________________。

おとこが ＿＿＿＿＿＿＿＿＿＿ いる。

おとこが ＿＿＿＿＿＿＿＿＿＿＿＿＿。

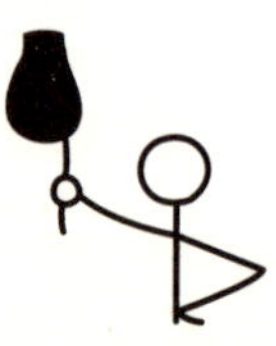

おとこが ＿＿＿＿＿＿＿＿＿＿＿＿＿。

おとこが ＿＿＿＿＿＿＿＿＿ いる。

おとこが ＿＿＿＿＿＿＿＿＿＿。

ボトルは ＿＿＿＿＿＿＿＿＿＿。

かおには ＿＿＿＿＿＿＿ がある。

＿＿＿＿＿＿＿ は
めがねをつかう。

60

いちじかんは ＿＿＿＿＿＿＿＿、
いっぷんはろくじゅうびょうだ。

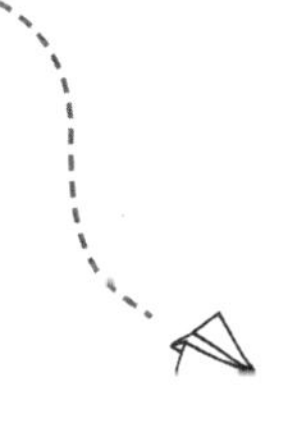

step 36
START

おとこは
いる。

を
たたいている。

おとこがいえのそとに
あるいて   。

おとこが
いる。

おとこが   。

おとこがグラスにみずを
　　　　　　　　　　　　　　　。

トウガラシは

スパイスとしてつかわれている。

　　　　　　　　　　　　　　　。

11

サッカーでは　　　　　　　　　の
じゅういちにんのプレイヤーが
フィールドでしあいをする。

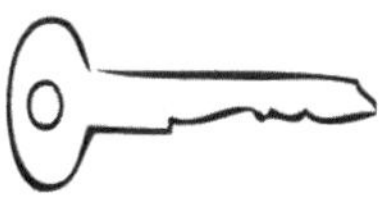

　　　　　　　　　　　　　　　。

START

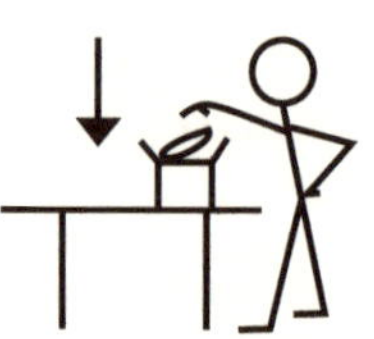

01

おとこが＿＿＿＿＿＿＿＿＿＿
いれている。

02

おとこが＿＿＿＿＿＿＿＿＿
そそいでいる。

03

おとこがべつの＿＿＿＿＿＿＿
＿＿＿＿＿＿＿＿＿＿いる。

04

おとこが＿＿＿＿＿＿＿＿＿
おいている。

05

＿＿＿＿＿＿＿＿＿＿＿＿＿。

おとこがしんぶんを
にぎり________________。

おんなの________________________。

08

15

バスケットボールでそれぞれの
クォーターは________________。

09

________________はひだりての
くすりゆびにする。

10

リスはとても________________。

step 38
START

01

おとこが ＿＿＿＿＿＿＿＿＿＿＿。

02

おとこが ＿＿＿＿＿＿＿＿＿＿ いる。

03

おとこが ＿＿＿＿＿＿＿＿＿＿＿。

04

おとこが ＿＿＿＿＿＿＿＿＿＿＿。

05

おとこが ＿＿＿＿＿＿＿＿＿＿＿。

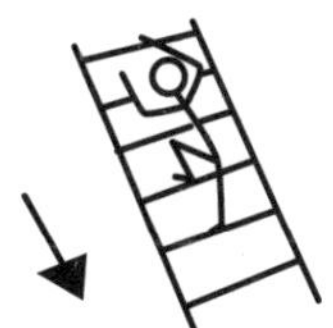

おとこが＿＿＿＿＿＿＿いる。

このおんなのこはこのおんなの

＿＿＿＿＿＿＿。

ワインは＿＿＿＿＿＿＿。

19

＿＿＿＿＿＿＿に
さんぎょうかくめいがおこった。

つくえのうえにでんわとラジオと

＿＿＿＿＿＿＿。

START

① おとこが＿＿＿＿＿＿＿＿
している。

② おとこが＿＿＿＿＿＿＿＿
いる。

③ おとこが＿＿＿＿＿＿＿＿を
みたしている。

④ おとこが＿＿＿＿＿＿＿＿
＿＿＿＿＿＿＿＿いる。

⑤ おとこがこどもに＿＿＿＿
＿＿＿＿＿＿＿＿いる。

____。

かがみはひかりをはんしゃする
のでわたしたちはじぶんじしんを
____。

くるまはせかいでもっとも
　　　　　　ゆそうしゅだんだ。

うまは________________________
だった。

50

アメリカには________________________
　　　　　がある。

step 40
START

おとこが
　　　　　　　　　　。

。

。

。

おとこが
いる。

。

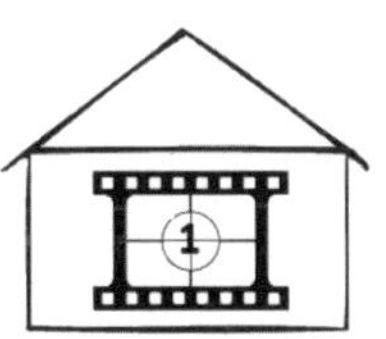

えいがをみせる。

12

。

バスケットのなかに

。

テーブルのうえに
ある。

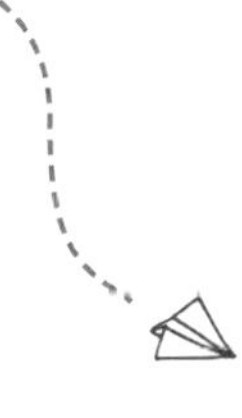

step 41
START

01

おとこが　　　　　　　　　　　　　　　　　　　　　　　いる。

02

おとこが
とじこめられている。

03

　　　　　　　　　　　　　　　　　　　　　　　　　　　。

04

　　　　　　　　　　　　　　　　　　　　　　。

05

ふたりの
している。

おとこが
よこたわる。

70

にんげんのからだのななじゅっ
パーセントはみずで
。

かさは 。

このおとこのことおんなのこは
。

はしごはよりたかいところや
よりひくいところにいくために
。

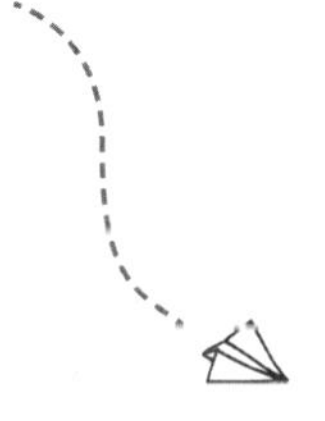

step 42
START

おとこが ....
いる。

おとこがアイスクリームを
....。

おとこが ....。

おんなはりょううでを
....。

ひとが .... いる。

___________________。

じょしトイレは

___________________。

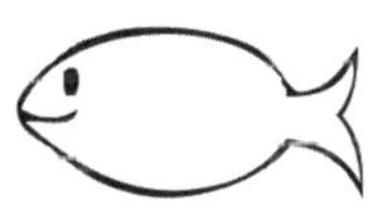

さかなは ___________________。

いすとつくえが ___________________
いる。

11

サッカーではそれぞれのチームの
___________________ のプレイヤーが
フィールドでしあいをする。

END

세상에서 제일 쉬운
일본어 책 ♪

· **MEMO** ·